中国、欧洲与世界丛书
The Book Series of China, Europe and the World

冯仲平 主编
Editors-in-chief
Feng Zhongping

The Changes of Transatlantic Relations

跨大西洋变局
——欧美关系的裂变与重塑

赵晨 等著

中国社会科学出版社

图书在版编目(CIP)数据

跨大西洋变局：欧美关系的裂变与重塑/赵晨等著.—北京：中国社会科学出版社，2021.9（2022.9重印）
（中国、欧洲与世界丛书）
ISBN 978-7-5203-8689-0

Ⅰ.①跨… Ⅱ.①赵… Ⅲ.①国际关系—研究—欧洲、美国—现代 Ⅳ.①D850.2 ②D871.22

中国版本图书馆 CIP 数据核字（2021）第 170359 号

出 版 人	赵剑英
责任编辑	夏　侠　李凯凯
责任校对	芦　苇
责任印制	王　超

出　　版	中国社会科学出版社
社　　址	北京鼓楼西大街甲 158 号
邮　　编	100720
网　　址	http://www.csspw.cn
发 行 部	010-84083685
门 市 部	010-84029450
经　　销	新华书店及其他书店

印　　刷	北京君升印刷有限公司
装　　订	廊坊市广阳区广增装订厂
版　　次	2021 年 9 月第 1 版
印　　次	2022 年 9 月第 2 次印刷

开　　本	710×1000　1/16
印　　张	17.75
字　　数	171 千字
定　　价	89.00 元

凡购买中国社会科学出版社图书，如有质量问题请与本社营销中心联系调换
电话：010-84083683
版权所有　侵权必究

目　录

导　言 …………………………………………（1）

第一章
"蛮权力"还是"巧权力"外交 ………………（19）

第二章
"自由"还是"公平"贸易……………………（55）

第三章
安全"再平衡" ………………………………（99）

第四章
气候变化和能源政策的"变"与"不变" ……（153）

第五章
发展援助政策的新动向 ………………………（187）

第六章
美国重返中东欧 ………………………………（232）

第七章
欧美对中国的不同定位 ………………………（268）

后　记 …………………………………………（280）

导　　言

欧盟与美国是西方世界最重要的两个行为体，二者在血缘上、历史中有着血浓于水的联系和"交情"。在殖民时代，欧洲是美利坚合众国的"先祖"，来自欧洲的移民抵达美洲"新大陆"，创建了这个年轻的国家；当世界演进到20世纪，美国这个欧洲文明的继承者，又反过来成为欧洲的"山姆大叔"，在两次世界大战中拯救了西欧，并在1945年之后漫长的冷战里为其安全撑伞保护。但是大西洋两岸的关系并未就此琴瑟和鸣，特别是在欧洲一体化深入发展之后，欧美实力对比在经济层面上渐趋平衡，双方的竞争态势加剧，彼此矛盾和龃龉不断。进入21世纪后，美国政治极化愈演愈烈，民主党和共和党两党党争打破了美国"党派政治止于水边"（partisan politics stop at water's edge）的传统①，党派意见侵蚀到对外政策领域，

---

① 1947年美国参议院参议员阿瑟·范登堡（Arthur Vandenberg）在一次讲演中表示"我们必须让党派政治止于水（转下页）

其对欧洲的亲疏程度迥然有别，酿造了跨大西洋关系的"过山车式"起伏。2016—2020年唐纳德·特朗普（Donald Trump）在任的四年，欧洲就受到这位没有外交经验的"非常规总统"的频频攻击，美欧关系横风阵阵，全面倒退，有法国学者称跨大西洋关系进入了"第二次世界大战后最糟糕的状态"①。

特朗普的确是一位美国历史上难寻的"另类"总统②，尽管美国政治学者沃尔特·米德（Walter R. Mead）称，特朗普的"民粹主义"世界观是对美国第七任总统、19世纪上半叶安德鲁·杰克逊（Andrew Jackson）观点的继承和发扬，但至少第二次世界大战后美国所创立的自由主义国际秩序已不再是特朗普的支持选项，这使他有别于这七十多年中的任何一届美国总统。③ 在他担任美国第45任总统后，美国不仅开

（接上页）边"，意指美国人日常的内部争执不应超出边界，美国总统在对外决策时不应受国内党派政治的影响，美国政治人物应当对外保持一致立场。参见 Joseph Curl, "With Trump, Politics No Longer Stop at the Water's Edge", *The Washington Times*, July 17, 2018。

① 法国里尔政治学院教授帕特里克·蒙德莱特（Patrick Mardellat）2018年10月23日在北京外交学院举办的讲座和座谈会。

② Walter Russell Mead, "The Jacksonian Revolt: American Populism and the Liberal Order", *Foreign Affairs*, Vol. 96, No. 2, 2017, pp. 2 – 7.

③ Thomas Wright, "Trump's 19th Century Foreign Policy", January 20, 2016, https://www.politico.com/magazine/story/2016/01/donald-trump-foreign-policy – 213546.

启了对中国的贸易摩擦和科技封锁，也对有着传统盟友身份的欧洲国家和欧盟发起了"无差别"攻击，将欧美关系的普通裂痕变成了严重创伤，造就了一场"跨大西洋变局"。在其任内，特朗普创造出大西洋关系史上的多个"第一次"：第一次有美国在任总统公开表态说欧盟是一个"敌人"（foe）[①]；第一次有美国在任总统公开反对欧洲一体化，并运用多种媒体手段和公关策略，扶助欧洲内的反一体化力量；他也是第一位威胁欧洲，说美国有可能撤出北约的美国总统。

特朗普对欧洲的"蛮横外交"，剥离了美欧长期盟友关系呈现给世人的"友好假面"，展现出美国在霸权衰落之后的另一种形态，也让欧洲盟友体验到残酷的地缘政治竞争的"寒意"。特朗普对欧美关系究竟毁损到何种程度？他这些行为的原因何在？跨大西洋关系中又存在哪些韧性因素对其进行抵御？本书拟从外交、经贸、安全、气候变化、对外援助和地缘政治等多个领域对美欧关系的这一变局做出全面评估。

"自由世界"VS"美国优先"

具有民粹主义特征的非典型共和党人唐纳德·特朗普

---

① Andrew Roth, et al., "Trump Calls European Union a 'Foe' Ahead of Russia and China", *The Guardian*, July 15, 2018, https://www.theguardian.com/us-news/2018/jul/15/donald-trump-vladimir-putin-helsinki-russia-indictments.

接替民主党人巴拉克·奥巴马（Barrack Obama）担任美国总统是导致跨大西洋关系变局的核心因素兼导火索。奥巴马是一位内政和外交理念均很"欧洲化"的美国总统。在他任美国总统的 8 年间，尽管美国的军事实力和经济实力均相对有所下降，但他采用多边主义的方式，以同欧洲国家等传统盟友合作应对各种国际挑战的方式继续在"后美国时代"竭力维持美国"全球领导地位"①。奥巴马政府在气候变化、促进世界"无核化"、尊重国际机制有效性，以及协同签订新型贸易协定等国际事务方面与欧洲合作相当"和谐"，欧美关系在他任内达到冷战后的新高峰。而欧洲国家也相当欢迎美国的外交选择，奥巴马当选美国总统后没多久即被欧洲人授予了"诺贝尔和平奖"。

奥巴马的外交理念与欧洲主流政治人物的理念相通，均为自由主义在国际层面上的体现，欧美均有强烈的意愿将自己称为所谓的"自由世界"。实际上，冷战后美国将自己看作世界霸主，总体上认为这是一个它主导下的经济相互依存的世界。冷战后美国历任总统基本认可这一观点，即由它一手建立，并得到西方盟友鼎力支持。以自由主义为核心，具有开放精神的国际秩序既符合美国的价值观，又能为美国带来安全和经济红利，美国普林斯顿大学教授约翰·伊肯伯里（John Ikenberry）将其概括为"自由

---

① Fareed Zakaria, *The Post American World*, New York: W. W. Norton and Company, 2008.

国际主义"（liberal internationalism）。①

但特朗普推翻了这一传统认知，他在2016年美国总统竞选前、竞选期间以及当选总统后反复发表言论，声称美国在这个国际体系中"吃亏上当"，所以要改变既有的"不公正"状况。特朗普提出了"美国优先"的战略目标，抛弃了体现美国国际主义精神且作为美国道德制高点工具的"国际公共产品"概念，反而一再强调美国在现有国际秩序和国家竞争中利益受损，不认可第二次世界大战以来美国自己主导，美欧共同倡导而建立的自由国际秩序。2017年12月，特朗普高调推出了他的首份《美国国家安全战略》报告，提出要以"有原则的现实主义"为外交指导方针。所谓的"美国优先"，就是凡事以美国的国家利益为重；所谓的"有原则的现实主义"，就是"以结果而非意识形态为导向"，采用实用主义态度处理世界事务，"民主、自由、人权"等西方价值观只是美国保卫自己"主权"的工具，而非目的。② 美国非常直白地向世界表明：它的外交是要竭力为自己谋利，它已经根本不再提为全球或盟友国家提供"国际公共产品"，彻底脱掉了

---

① John Ikenberry, *Liberal Leviathan: The Origins, Crisis, and Transformation of the American System*, Princeton: Princeton University Press, 2011.

② The White House, "National Security Strategy of the United States of America", December 2017, https://www.whitehouse.gov/articles/new-national-security-strategy-new-era/.

"自由国际主义"的外衣。

在"美国优先"原则的指导下,特朗普在一系列国际问题中表现出与欧洲的巨大分歧:

第一,政治表态中很少提及与欧盟的"盟友"关系,赤裸裸地向欧洲"争利"。同看重美欧共同历史血缘关系和共有价值观传统的美欧领导人不同,"不公平"是商人出身的特朗普对美欧关系的基本判断。在2018年7月的北约峰会上,他声称欧盟每年坐享对美1510亿美元的贸易顺差,却让美国人花钱保卫欧洲的安全,这是"行不通的"。此次峰会期间,在接受美国哥伦比亚广播公司采访时,特朗普甚至说欧盟是比俄罗斯和中国"更恶劣"的"敌人"或"竞争者"[①],这令欧洲从政治家到普通民众"大跌眼镜"。

第二,特朗普执政下的美国退出了一系列国际协定和国际机制,令美国这个第二次世界大战后国际制度的主要塑造者站在了全球治理的对立面,成为自由国际主义秩序的破坏者。自特朗普上任以来,美国退出了跨太平洋伙伴关系协定(TPP)、气候变化《巴黎协定》、联合国教科文组织、联合国人权理事会、万国邮政联盟等国际机制,搁

---

① Andrew Roth, et al.,"Trump Calls European Union a 'Foe' Ahead of Russia and China", *The Guardian*, July 15, 2018, https://www.theguardian.com/us-news/2018/jul/15/donald-trump-vladi-mir-putin-helsinki-russia-indictments.

置欧美之间的《跨大西洋投资与贸易伙伴关系协定》（TTIP）谈判、单方面撕毁伊朗核协议，退出美俄《中导条约》，以拒不批准争端解决机制上诉法官的方式阻碍世界贸易组织（WTO）正常运作，并不顾各方反对，将美国使馆从特拉维夫迁至耶路撒冷，从而激化伊斯兰世界与犹太力量之间的矛盾，破坏巴以和平进程。这些外交举动均遭到欧盟和欧洲国家的反对和批评。

第三，美国政府直接对欧盟实施贸易制裁和限制措施，向自己的盟友"毫不留情地"挥起关税和制裁的"大棒"：首先，对欧盟销售到美国市场的钢铝产品分别征收25%和10%的关税；其次，以"国家安全"为理由，声称要向欧盟出口美国的汽车特别是德国生产的汽车征收25%关税，按照特朗普的原话，他希望"纽约第五大道上看不到奔驰车"；最后，对同伊朗保持贸易和投资关系以及参与俄罗斯"北溪2号"天然气管线建设的欧洲公司实施"长臂管辖"，要求它们撤出伊朗市场或"北溪项目"，否则美国就会对它们进行制裁。2020年7月，五角大楼按照特朗普的命令从德国撤走1.2万名美军，以对德国在军费分摊、"北溪2号"天然气管线等事务上不配合美国进行"惩罚"[①]。此外，在安全领域，特朗普认为美国为北约承担了70%的开支，这是"极不公平"的，要求欧洲国

---

① 赵晨：《美国要撤军，德国慌不慌》，《世界知识》2020年第13期。

家立即满足军费开支占到国民生产总值2%的基本条件。特朗普提出一项"成本+50"（Cost Plus 50）的计划，涉及德国等盟国——后者不仅要全额支付美国驻军费用，还要额外缴纳50%的"会员费"，理由是这些盟国享受了美国驻军保护这一"特权"（privilege）。① 特朗普针对欧洲对美最大顺差国——德国特别不满，他甚至恫吓称："虚伪的"德国已成为俄罗斯的"俘虏"（captive）。②

第四，特朗普还经常对英国疑欧主义政党（如英国独立党）和反全球化、反欧盟的欧洲民粹主义者在言语上表示支持，再加上他夸张、粗鲁、自大的言行风格，出尔反尔的表态，歧视女性、少数族裔、移民的政治立场，"推特治国"的方式，以及相对蔑视欧洲的态度和情绪，这些都激起了从普通欧洲民众，到欧洲主流政党和政治人物的极大反感。特朗普的前白宫首席战略顾问，为特朗普竞选总统成功立下汗马功劳的斯蒂夫·班农（Steve Bannon），在被白宫解除职务后赴欧洲活动，广泛接触欧洲极右翼党派，宣讲他的极右翼

---

① "Trump Seeks Huge Premium From Allies Hosting U. S. Troops", March 8, 2019, https：//www.bloomberg.com/news/articles/2019 - 03 - 08/trump-said-to-seek-huge-premium-from-allies-hosting-u-s-troops.

② "Trump Starts NATO Summit on Front Foot, Blasts Hypocritical Germany as 'Captive of Russians'", 11 July, 2018, https：//www.breitbart.com/europe/2018/07/11/trump-starts-nato-summit-on-front-foot-blasts-hypocritical-germany-as-captive-of-russians/.

政治理念，煽动欧洲民粹主义政党"掀起平民主义革命"，并计划在布鲁塞尔建立名为"革新运动"的政治基金会，试图搜集数据，分析选票支持，以帮助民粹主义政党在2019年的欧洲议会选举中击败传统政党，干涉欧洲政治走向。

特朗普强调"绝对获益"的现实主义式"美国优先"世界观与欧洲的自由主义主流意识形态不符，同欧盟坚持的以多边主义为核心特征的自由国际秩序理念相悖。欧盟和法国、德国等核心欧盟国家均对特朗普的政策走向极为不安，表示要以欧洲团结自强来应对"失去美国依靠"的悲哀前景。欧盟理事会主席图斯克和法国总统马克龙在多个场合，反复提醒特朗普要"珍惜"欧洲朋友，德国总理默克尔也指出，面对这样的美国，欧洲需要更加团结。2017年1月欧盟理事会前主席图斯克在一封致欧洲27国领导人的信中，将美国总统特朗普"令人担忧的主张"列为"欧盟面临的外部威胁"之一。[①] 图斯克称欧洲27国领导人中的大多数同意他的看法，欧盟正面临自1957年《罗马条约》（*Treaty of Rome*）签署以来不曾发生过的大规模挑战。欧盟委员会前主席容克也称：世界"比以前更不稳定，我们大陆今天面临的外部挑战成倍增加……在当今世界，欧洲无法确定昨天的话，今天依然有效……过去的盟友在明天很可能不一样了"，因此欧洲要整合自己所有

---

① Alastair Macdonald, "EU's Tusk Calls on Europe to Rally Against Trump Threat", *Reuters*, January 31, 2017.

的政治、经济和军事力量，不仅要像以前一样做世界的"买家"（payer），还要当一名全球"玩家"（player）。① 法国和德国作为欧盟的两个"核心国家"，其领导人都发出了欧洲需要"战略自主"的呼吁。在2017年北约峰会期间，因特朗普有意避开不提体现"集体防御"核心精髓以及美国对保卫欧洲承诺的北约条约第五条，德国总理默克尔公开表示"我们可以完全仰赖他人的时代，在某种程度上已经结束了……我们欧洲人必须真正地把我们的命运掌握在自己手中"②。法国总统马克龙更为激进，2019年他在接受英国《经济学人》杂志采访时发表了"北约脑死亡"的言论，对美国和土耳其在北约内的表现表示不满，直接指出欧洲需要摆脱对美安全依赖，建立一个"有肌肉"的欧洲。③ 即使是已经退出欧盟的英国，也开始注意做"最坏

---

① Jean-Claude Juncker, "State of the Union 2018：The Hour of European Sovereignty", September 12, 2018, Strasbourg, France, https：//ec. europa. eu/commission/news/state-union – 2018 – hour-european-sovereignty – 2018 – sep – 12_ en.

② "Europe and Trump, Don't Let Him Get to You", *The Economist*, June 3 – 9, 2017, p. 37.

③ *The Economist*, "Emmanuel Macron in His Own Words", November 7, 2019, https：//www. economist com/europe/2019/11/07/emmanuel-macron-in-his-own-words-english. 马克龙2019年9月在法国驻外使节会议上的讲话也表达了同样的意见，参见 Emmanuel Macron, "Ambassadors' Conference-Speech by M. Emmanuel Macron, President of the Republic", August 27, 2019, https：//lv. ambafrance. org/Ambassadors-conference-Speech-by-M-Emmanuel-Macron-President-of-the-Republic。

的打算",减少对美国的军事依赖,英国国防大臣本·华莱士在接受《星期日泰晤士报》采访时表示,自己担心特朗普领导下的美国会推行越来越孤立主义的政策,甚至达到夜不能寐的地步,英国永远是美国联盟的一部分的假设不再有效,英国必须增加对军事装备的投入,减少未来冲突中对美国空中掩护和侦察机资源的依赖。①

跨大西洋关系的韧性

但与此同时,我们也应看到经历了第二次世界大战后70多年时间塑造的欧美跨大西洋关系仍然具有很强的韧性,这种韧性表现在这样三个层面:欧洲对美国的安全和心理依赖、美国自由派力量和部分州对欧洲价值观的认同以及美欧经济社会层面互动的延续。

欧洲在冷战时期形成了对美的安全依赖,冷战后在全球治理和国际政治中也同美国保持较为紧密的"西方立场",特别是在对外干预中依靠美国的军事"硬实力"。1999年的科索沃战争和2011年的利比亚战争证明,如果没有美军支持,欧盟及其成员国难以打赢一场中等规模的常规战争。如果仅仅依赖欧盟所自诩的可引领世界发展方

---

① "Ben Wallace interview: We can't rely on US", *The Times*, January 12, 2020, https://www.thetimes.co.uk/article/ben-wallace-interview-we-cant-rely-on-us-pmwcgv398.

向的"规范性力量",欧盟恐怕仅仅是一个放大版的梵蒂冈。对欧洲来说,美国"庇护型领导"(patronal leadership),或者是"霸权领导"的消散,对其并不是一个好消息。

欧盟自己内部关于安全上的对美依赖或是独立自主也持不同看法,其成员国在此问题上大致分为三个阵营:第一阵营为继承了戴高乐传统,主张发展欧洲自身防务力量、独立保障欧洲生存安全并对外投射影响力的法国。法国是联合国安理会常任理事国,在冷战期间就建立了核三角力量(同时具备陆、海、空三基发射核导弹的能力),独立制定了国家威慑和核武器部署原则。法国是欧盟内独立意识最强的国家,在戴高乐任总统时期曾退出北约,直至2009年才重返该组织。在欧洲一体化合作扩展到防务领域后,法国希望欧盟成为其"力量倍增器",以欧洲的"伟大"实现法国的"伟大",让欧盟成为世界格局中的重要一极。第二阵营是地处与潜在地缘政治敌手(俄罗斯)交锋"前线"的波兰、罗马尼亚、波罗的海三国、瑞典等北欧国家以及荷兰等亲美国家(英国在"脱欧"之前属于这一阵营)。相比欧盟,它们更加相信美国和北约保卫它们安全的能力,也有很强的意愿维系跨大西洋关系,对俄罗斯则有更多的"信任赤字"和不安全感。有的中东欧国家(如波兰)不太信任"多边主义"机制,甚至认为欧盟的"战略自主"不过是法国"反美主义"的"阴谋"①。又如丹麦，它拒绝参加任何可能给欧盟增加军事内容的合作，"选择不加入"欧盟的共同安全与防务政策。第三阵营则是处于上述两者之间，既愿意适度推进欧洲防务一体化，同时又坚持北约作为欧洲防务主体的地位不可动摇的欧盟成员国，以德国为代表。德国在冷战期间，部队完全由北约控制，自身并没有真正的参谋人员。冷战结束后，德国对美国的安全依赖大大降低，更愿意将防务政策纳入欧盟的职权范围，其安全政策逐渐"欧洲化"（Europeanization），并且和法国之间的军事合作日益密切。不过，德国也认可美国前国务卿奥尔布莱特关于欧盟和北约防务分工的三"D"讲话原则，即欧洲的共同防务"不脱离"（No Delinking）北约、不得与北约功能和任务"重叠"（No Duplicating）、不得"歧视"（No Discrimination）非欧盟成员国的北约盟国。② 这就意味着欧盟的防务建设不能替代北约，只可发挥辅助作用。以德国为代表的第三阵营基本成为欧盟的总体安全观构建思路，尽管特朗普在经贸和安全事务上言语粗鲁、嘴脸难看，但美国仍被欧盟

---

① Laura Chappell, "Differing Member State Approaches to the Development of the EU Battlegroup Concept: Implications for CSDP", *European Security*, Vol. 18, No. 4, December 2009.

② Secretary of State Madeleine K. Albright, "State to the North Atlantic Council", December 1998, http://secretary.state.gov/www/statements/1998/981208.html.

2016年发布的《欧盟外交与安全政策的全球战略》中定义为唯一的核心伙伴国家。① 2020年11月美国总统选举前夕，德国国防部长撰文指出"欧洲短期内没有能力取代美国的军事保护，欧洲战略自主的幻想必须终止"，这引发了法国总统马克龙的不满。

此外，美国内部的建制派力量，如民主党、主流的自由派媒体和加利福尼亚州、纽约州等传统的"蓝州"（民主党的传统地区）均与欧盟和德法等欧洲核心国家的价值观相同，强调"自由""民主""人权"等意识形态，在气候变化、移民、对外援助、应对新冠肺炎疫情、国际合作等全球议题方面同欧洲的态度相近。本书第四章和第五章列举了在气候变化和对外援助领域，美国国会、部分州、企业，以及美国官僚体系制约特朗普的孤立主义政策，同欧洲和世界其他地区维系合作的事实。同时，美欧的经济相互依赖关系也未受到特朗普"关税战"过大影响，美国对欧盟，特别是对德国的贸易逆差，同美国对华逆差一样，并未明显缩减。市场和资本的力量在特朗普的"蛮权力"面前，展示出自身极强的韧性。在外交和安全领域，美国内部建制派的回归是欧洲的"希望"所在。乔·拜登在2020年美国总统竞选过程中即提出，他如当

---

① Giovanni Grevi, "A Global Strategy for a Soul-Searching European Union", European Policy Centre Discussion Paper, 13 July 2016, http://aei.pitt.edu/77654/.

选，将把外交提升为美国对外政策的首选工具，强调欧洲国家是美国重要的"民主同盟"。终于如欧洲所愿，在这场创下美国大选投票率纪录的"生死选举"中，尽管特朗普拿到了7400万张选票，但拜登还是以微弱优势当选总统。兴奋的德国总理默克尔一改其沉稳作风，在2020年11月美国总统大选结果刚刚公布、结果尚不明确之际，就连续在4天内3次致电拜登，畅快抒发欧洲主流政治家"苦特朗普久已"的心声。拜登在言辞上没有"辜负"欧洲的期待：2021年2月20日，拜登在入主白宫后选择第57届慕尼黑安全会议（慕安会）作为自己的首次国际亮相场合，通过视频他发表讲话称"美国回来了，跨大西洋联盟回来了"。

特朗普改变了什么

特朗普造就的"跨大西洋变局"会是美欧关系长期发展进程中的"昙花一现"，还是意味着因美国"慷慨文化"消失和地缘政治意识回归，大西洋两岸再难回归欧洲需要美国霸权保护的旧有结构和格局？我们需要针对欧美关系的不同领域进行细致的跟踪和解析，才能判断特朗普究竟在2016—2020年这四年时间中毁掉了什么？什么是他未能做到的？他又能够留下什么"政治遗产"？

本书第一章概述特朗普政府的对欧外交理念和政策，

在美国知名学者约瑟夫·奈（Joseph Nye）关于硬权力、软权力和巧权力的学术分类基础上，将特朗普的对外战略概括为一种"蛮权力"。"蛮权力"包括追求即时收益的实用主义目的、将经济相互依赖关系和机制性联系"武器化"，以及蛮横无礼的外交风格。而欧洲国家和欧盟面对美国力量的"蛮权力"转向，希望以团结和增强独立性来提高自己的博弈实力，主要在经济和规范领域结合自己特长进行反击。

第二章从经贸角度比较了奥巴马时期美欧经贸政策与特朗普时期不同，指出特朗普以产业政策之名对欧洲发起"关税战"，将正常的经贸行为政治化，扭转了奥巴马时期美欧协商，共同推进的跨大西洋经济一体化进程，而后者却恰恰更加符合美欧资本力量的要求，是以非关税壁垒削减和规制协调为重点的"减法式"自由主义"宏大工程"，是经济全球化深入发展的前进方向。

第三章从安全视角分析了"特朗普冲击波"对欧美安全关系的影响。作者赵纪周认为，特朗普对北约和盟友的批评及其对欧洲安全的"推脱"态度，使欧盟迫切认识到需要加大防务投入、提升防务能力，进一步增强战略自主性。因此，欧盟防务一体化近年来取得重大进展。但是，在美国的疑虑和警惕之下，欧盟由于内部分歧与防务能力不足等因素，既没有彻底坚决的意愿，也没有足够的实力挑战美国对北约的主导地位。未来欧美防务的不平衡状态仍将持续。

第四章着眼于气候变化和能源问题。作者曹慧在比较美欧本世纪分别形成的"自下而上"和"自上而下"两种治理气候变化路径的基础上，通过事实和数据列举，指出尽管特朗普退出《巴黎协定》的决定损害了美国的国际形象，但在美国商界、地方州和经济规律的牵制下，它并未对美国国内温室气体减排和低碳经济发展造成破坏性影响。但在现实主义回归的情势之下，欧美双方都意识到能源安全是各自的核心利益，双方在能源和气候变化领域的竞争也非常激烈，一些热点问题，比如"北溪2号"管线甚至成为欧、美、俄三方博弈的焦点。

第五章对"巧权力"的重要组成部分，也是"蛮权力"所轻视的对外援助问题进行解析，作者张超指出特朗普政府突出发展援助在实现美国地缘战略利益中的现实主义态度，使得美国援助政策忽视了环境、教育、性别平等、卫生等议题，促成美国发展援助结构的调整。他还预测即使拜登上台后着手调整美国的援助政策，也难以在短时间内消除特朗普留下的影响，更难以满足当前新冠疫情导致的全球骤增的援助需求。而大西洋对岸的欧盟也因新冠肺炎疫情和英国"脱欧"而不得不将更多资源用于应对内部问题，使其未来难以大幅增加对外发展援助资金。

第六章聚焦中东欧地区。作者贺之杲从地缘政治视角解析美国重返中东欧的行为，指出美国特朗普政府对欧洲采取"分而治之"的战略,通过有选择地与欧洲伙伴打交道,加大与中东欧国家的接触,重新从欧洲边缘地区物色地区新战略支点,力图将中东欧打造为新的地区战略抓手。特朗普政府利用欧洲内部的潜在分歧,降低了欧盟整体政策的有效性和连贯性,起到了弱化欧盟战略自主的作用。

第七章论述欧美对中国的不同定位。特朗普上台后,中、美、欧大三角关系出现较大变化,美国对中欧双方挑起贸易战,造成中美关系的恶化和欧美关系的退步。总体上欧盟并不愿在中美之间挑边站队,欧盟和以德国为首的欧洲大国依然信守自由国际主义理念,认为接触是其对华策略的核心手段,坚持中欧合作的主基调。在特朗普任美国总统期间,欧洲并未倒向美方,中欧关系的发展与中美关系形成一定的鲜明对比。

第一章 "蛮权力"还是"巧权力"外交

冷战后30年的跨大西洋关系遵循着这样一条定律：美国民主党执政则欧美关系发展较为顺利，而一旦共和党上台，美欧关系就会风波不断。民主党人比尔·克林顿（Bill Clinton）和巴拉克·奥巴马（Barrack Obama）各自的两任任期内，美国与欧洲国家在国际事务上相互配合，感情融洽，克林顿2000年获得了为表彰促进欧洲一体化事业而设的德国亚琛查理曼奖，而奥巴马2009年则拿到了诺贝尔和平奖。共和党人担任美国总统后，除了任期跨越冷战前后、行事审慎的乔治·赫伯特·沃克·布什（老布什）是例外，其子乔治·沃克·布什（小布什）（George W. Bush）和唐纳德·特朗普（Donald Trump）都曾将跨大西洋关系置于危险境地：2003年小布什政府声称伊拉克萨达姆政权拥有"大规模杀伤性武器"，法国和德国这两个欧盟核心国家并未采信此"说法"，坚决反对美国越过联合国安理会对伊拉克动武，使得欧美矛盾激化，美国新保守主义学者罗伯特·卡根（Robert Kagan）愤怒地指责欧洲酿造了"美国的合法性危机"，欧洲人就是"不情愿坐在后座，让美国做所有驾驶的工作"①。13年后，当特朗普当选美国第45任总统，欧美关系掀起更大的波澜，美欧关税战、特朗普以打破历史纪录的频率退出国际组织和多边机制，北约军费分担和"北溪2号"天然气管线，均成为撕裂大西洋关系的一道道伤口。2020年2月的慕尼黑安全会议主题即确定为"西方的消失"，德国总统施泰因迈尔（Frank-Walter Steinmeire）在开幕演说中公开批评特朗普政府拒绝接受"国际社会"的概念，其"让美国再次伟大"的口号实际上是以其邻邦和盟友为代价。② 以德国为首的欧洲盟友对拜登则抱有极大的好感和期望，当2020年11月美国大选投票过程结束但仍存在争议的情况下，德国总理安格拉·默克尔（Angela Merkel）4天内3次向美国民主党拜登团队发贺

---

① ［美］罗伯特·卡根：《美国的合法性危机》，赵晨编译，《当代世界与社会主义》2004年第5期；［美］罗伯特·卡根：《天堂与权力：世界秩序中的美国与欧洲》，刘坤译，社会科学文献出版社2013年版，第159页。

② Frank-Walter Steinmeire, "Opening of the Munich Security Conference", February 14, 2020, http://www.bundespraesident.de/SharedDocs/Reden/EN/Frank-Walter-Steinmeier/Reden/2020/02/200214 - Munich-Security-Conference. html.

信或发表声明，期待拜登执政后修复因特朗普而受损的欧美关系。

乔·拜登（Joe Biden）2021年入主白宫后，是否还会遵循上述规律，令美欧关系重归"和谐亲密"？特朗普过去四年给跨大西洋关系留下的"负资产"能否轻易去除？"东升西降"的总体世界发展趋势对欧美之间的合作与博弈是否构造了某些结构性框架因素，对欧美关系产生了怎样的实质性影响？要想对这些问题作出预测，我们仍然需要回顾过去四年特朗普执政时期美欧关系的变化，探析美国两党的对欧战略分歧及其背后的深层因素，并作出具有理论性的归纳总结。

一 "巧权力"VS"蛮权力"

为什么民主党比共和党更愿意促进美欧协调？从国内意识形态文化入手的解释认为，美国民主党的自由主义价值观与欧洲主流价值观更加相近，他们对堕胎、同性婚姻等社会问题都更宽容，支持女权，注重保护少数族裔权利，在意社会平等，赞成社会再分配，民主党人钦佩欧洲的福利国家体制，对欧洲更有好感。[1] 而由保守派构成的

---

[1] Peter Hays Gries, *The Politics of American Foreign Policy: How Ideology Divides Liberals and Conservatives over Foreign Affairs*, Stanford: Stanford University Press, 2014.

共和党则更为传统,赞同不受限制的私人持枪权、保留死刑,保卫个人绝对自由,同美国自由派和欧洲的立场相左,右翼共和党人反感看到美国文化的"欧洲化",认为"欧洲化"就意味着"道德颓废"①,将克林顿、奥巴马和拜登为代表的美国自由派看作"欧洲人",随着美国国内两党党争的日趋激烈,欧洲同美国民主党一并成为共和党攻击的"标靶",欧美关系在共和党总统任上也就难以顺利发展。而外交方面的理念解释则认为,民主党秉承伍德罗·威尔逊(Thomas Woodrow Wilson)以来的自由国际主义理念,支持多边主义,强调第二次世界大战后美国主导建设起的国际机制,认为它们是同包括欧洲国家在内的工业化民主国家间合作的"黏合剂"②;但美国共和党则对外不吝使用武力③,更倾向于采用单边主义做法,敌视国际合作,轻视甚至忽视欧洲的伙伴作用,这就造成大西洋两岸难以在平等基础上协调管理世界事务。比如罗伯特·卡根曾嘲讽欧洲是因为缺乏力量才崇尚外交,而美国则为了实效更加直接明快,提出了"欧洲来自金星,美国来自

---

① Gertrude Himmelfarb, *One Nation, Two Cultures: A Searching Examination of American Society in the Aftermath of Our Cultural Revolution*, Knopf Press, 1999.

② [美]约翰·伊肯伯里:《大战胜利之后:制度、战略约束与战后秩序重建》,门洪华译,北京大学出版社2008年版。

③ Charles Kupchan, "Is Liberal Internationalism in Declince", https://issforum.org/roundtables/2-4-is-liberal-internationalism-in-decline.

火星"的比喻①，但英国学者提摩许·加顿·艾什（Timothy Garton Ash）则直接指出，其实说"共和党人来自火星，民主党人来自金星"更为准确。②

差异性的意识形态和外交理念固然是美国国内政党政治影响跨大西洋关系的国内动因，但如不结合美欧相对实力对比，则很难解释美欧双边及多边（以欧盟为代表的欧洲的单一行为体，则美欧关系为双边，以欧洲各国为行为体，则美欧关系体现为多边）关系受美国政党更替影响的效果。如要从理念、对外政策和实施效果的综合效应评估，冷战后美国两党政府主要运用的权力种类更适合分析美欧关系变化的工具。约瑟夫·奈（Joseph Nye）提出的以军事力量为核心实力来源的"硬权力"（hard power）就能更好解释小布什政府为什么不听从法国和德国的劝告，失去对多边主义的兴趣，比如美国在2001年仅凭自身军力发动阿富汗战争，而不请求北约盟友协同行动，这同美国在军事方面拥有绝对优势地位有关，一位美国官员在解释这个决定时说："你依靠的人越少，你就越不需要到处征求意见。"③

---

① ［美］罗伯特·卡根：《天堂与权力：世界秩序中的美国与欧洲》，刘坤译，社会科学文献出版社2013年版。

② ［英］提摩许·加顿·艾什：《自由世界：美国、欧洲和西方世界的未来》，张宁译，东方出版社2009年版，第103页。

③ Elaine Sciolino and Steven Lee Myers, "Bush Says 'Time is Running Out'; U.S. Plans to Act Largely Alone", *New York Times*, October 7, 2001.

当然，意识形态或观念也是权力同样重要不可分割的组成部分，不同的权力类型由不同的理念引领①，而这些理念未必固定受限于政党的传统价值理念，它会在不同的历史时期有所变更。实际上，随着美国相对实力的下降和时势变迁，民主党和共和党治下的美国权力性质均有所变化，小布什时期的外交理念是对外扩张型的新保守主义（neo-conservatism）或者说"自由干涉主义"（liberal interventionism），但特朗普的单边主义很明显具有内向型特征，自利性极为突出，如果说前者可用"硬权力"概括，那么后者就需要一个新的权力类型来定义。笔者特此提出"蛮横的权力"（简称为"蛮权力"，英文为 rude power）的新概念来归纳特朗普的对外政策行为。

"权力"（power）一直是政治学的核心概念，按照罗伯特·达尔（Robert Dahl）的经典定义，是"使其他人做其不愿意做的事情的能力"②。在国际政治领域，尽管国际组织、跨国公司、非政府组织等行为体同样拥有力度不等的权力，但无疑国家依然是当下国际舞台上最重要的权力拥有者，国内政治中的权力单元——人，在国际政治中更

---

① 认知过程当然影响到外交政策的选择。参见 Robert Jervis, *Perception and Misperception in International Politics*, Princeton: Princeton University Press, 1976。

② Robert A. Dahl, *Who Governs? Democracy and Power in an American City*, New Haven: Yale University Press, 1961.

经常的替代物是国家。权力的内涵包含自身内在具有的能力和对外关系中的行为两个向度的内容，前者是指行为体可用于投射的资源，近似于中文的"实力"一词，而后者着重向外投射影响力，指使对方改变的行为和方式。① 在中文语境中，power 又经常被翻译为"实力"而不是"权力"②，但"实力"的意思更接近于"自身能力"或自己拥有的资源，这一方面是中国内敛哲学思维在翻译上的体现；另一方面也是中国外交"不干涉内政"原则在用词斟酌上的表现（当阐述中国自己的力量时，中方不愿产生令对方意志发生不自愿更改的效应）。

约瑟夫·奈在20世纪90年代提出的"硬权力"（hard power）和"软权力"（soft power）两分法③，从资源或者"实力"的角度，将军事实力、经济总量、人口规模和劳动力素质等能够赢得战争的有形（tangible）资源划入"硬权力"范畴，而意识形态（价值观）、文化和制度及议程设置能力等无形（intangible）资源则被归为国家的"软权力"，奈将"软权力"分为文化、政治价值和外交

---

① 也有中国学者将权力分为资源和资源运用两部分，这与本书的阐释相近。参见陈志敏和常璐璐《权力的资源与运用：兼论中国外交的权力战略》，《世界经济与政治》2012年第7期。

② 宋黎磊、陈志敏：《中欧对软实力的不同认知及对双边关系的影响》，《欧洲研究》2011年第2期。

③ Joseph S. Nye, "Soft Power", *Foreign Policy*, No. 80, 1990, pp. 153 – 171.

三类。① 这一分类方法，特别是"软权力"这一新概念很快扩散到学术界之外，产生了广泛的政治和社会效应，成为无论美国，还是包括中国在内的世界其他国家在考量自身所具备的能力时的重要参照坐标系。奈后来将"硬权力"和"软权力"定义进一步延展到国家等行为体与他者的关系领域，指出"硬权力"是可命令他者按照其意志行动的"强制性"（coercive）力量，比如动用武力使对方屈服，或是对其进行经济收买（payment），而"软权力"则为发挥吸引力塑造对方的偏好，使受动者自主向施动者愿意看到的方向变化，是一种"同化"权力（co-optive power），前者是"推"（push），后者是"拉"（pull）②，为这两种权力增加了行为向度（见表1-1）。

表1-1　　　　　　　　国家权力的谱系

权力类型	资源/能力	行为
硬权力	有形资源（军事、经济）	强制性（推）
软权力	无形资源（文化、政治价值、外交）	吸引力（拉）
巧权力	军事、经济、文化政治价值、制度、外交	推拉结合
蛮权力	军事、经济、反向制度力	反拉为推

资料来源：笔者自制。

---

① Joseph S. Nye, *The Future of Power*, New York：Public Affairs, 2011.
② Joseph S. Nye, "Hard, Soft, and Smart Power", in Andrew F. Cooper, Jorge Heine and Ramesh Thakur, ed., *Oxford Handbooks of Modern Diplomacy*, Oxford：Oxford University Press, 2013.

第一章 "蛮权力"还是"巧权力"外交

但是无疑"权力"不是"实力",它能否产生效果,可以产生什么样的效果,在很大程度上取决于选择采取何种战略,以及行使权力的意志有多强。2003年后,奈开始关注"权力的转换"（power conversion）,以及权力同战略之间的关系问题,他在2003年后提出了替代"软权力"的"巧权力"（smart power）概念,意指根据不同情况,"巧妙"结合运用软硬两种权力资源,以使国家或其他行为体战略得以有效实施。① 他接受了过往学界对"软权力"的批评,表示"软权力"的实施必须得到"硬权力"的支撑：单独依靠硬实力或软实力都是错误的,需将它们有效结合起来,这就是巧权力。② 巧权力既强调联盟、伙伴关系、制度、公共外交、经济融合、发展援助的作用,同时也认可维持强大的军事和经济力量的必要性。"巧权力"已经不是一个中性概念,它具有鲜明的政策目的,奈2007年同理查德·阿米蒂奇（Richard Armitage）一起领衔撰写的《美国战略与国际问题研究中心（CSIS）巧权力报告：更巧、更安全的美国》中,明确指出"巧权力"是为保持和重塑美国的世界领导权服务的,它可以扩大美国的

---

① Joseph S. Nye, *Soft Power: The Means to Success in World Politics*, New York: Public Affairs, 2004, pp. 32, 147.

② Joseph S. Nye, "Recovering American Leadership", *Survival*, Vol. 50, No. 1, 2008, p. 64.

影响力和建立美国行为的合法性。① 在施加权力的行为上，巧权力是视情况推拉结合，目的是使政策或战略奏效，但"说服"等"软权力"吸引方式处于优先位置；在软硬两种实力资源选择上，"巧权力"还是优先考虑"软实力"，奈认为"巧权力"的核心是向全球提供公共产品，"首先保证国家的生存，其次就需要集中精力提供全球公共物品"②，因为这能使美国压倒一切的实力和世界其他地方的利益和价值观达成一致。③ 而另一位从政策角度倡导"巧权力"的智库分析人员——美国安全与和平研究所的高级研究员苏珊尼·诺瑟（Suzanne Nossel）则直接指出"巧权力"战略就是美国民主党总统威尔逊、罗斯福、杜鲁门和肯尼迪奉行的自由国际主义理念的延伸，即美国不必一定使用自己的"左右手"，而是可以通过盟友、国际机制、精巧外交和理念的力量来实现代表美国目标的利益，其核心就是第二次世界大战后美国民主党政府以及大多数共和

---

① *CSIS Commission on Smart Power*: *A Smarter, More Secure America*, Washington, D. C.: Center for Strategic and International Studies, 2007.

② Joseph S. Nye, "Recovering American Leadership", Survival, Vol. 50, No. 1, 2008, p. 64.

③ *CSIS Commission on Smart Power*: *A Smarter, More Secure America*, Washington, D. C.: Center for Strategic and International Studies, 2007.

党政府秉承的"自由国际主义"①。

"巧权力"是一个"大而全"的杂糅体,它是美国民主党、欧洲建制派这些信奉自由国际主义理念的西方人士所认为的,在经济相互依赖和全球化时代,能够维系第二次世界大战之后西方主导下的国际秩序的实力基础,也是他们认为的最佳实力投射方式:军事上维持压倒性优势,如果"情势需要"不必吝惜使用武力,经济上保持自由资本主义国际体系,制度上捍卫美国建立的国际多边机制和北约等同盟安全体制,同时以"人权""民主""自由"等西方价值观发挥吸引力,并结合"硬实力"排斥和打击持不同观点的世界其他国家。"巧权力"十分重视其内含的"软权力"成分,制度和理念是其核心组成部分,所以也被有的学者称之为"软权力2.0版"②。毕竟,布雷顿森林体系的建立实际上是美国将能力变为权力的制度化过程③,制度可使既有的领先者能更持久地保持自己的优势地位,因价值所拥有的道德高地也可使它们对国际秩序的掌控更具合

---

① Suzanne Nossel, "Smart Power: Reclaiming Liberal Internationalism", *Foreign Affairs*, March 2004.

② Christopher Layne, "The Unbearable Lightness of Soft Power", in Inderjeet Parmar and Michael Cox, eds., *Soft Power and US Foreign Policy: Theoretical, Historical and Contemporary Perspectives*, London: Routledge, 2010, p.67.

③ 王湘穗:《币权:世界政治的当代枢纽》,《现代国际关系》2009年第7期。

法性。2009—2013 年希拉里·克林顿（Hilary Clinton）任美国国务卿时就将"巧权力"确定为美国的外交战略。①

但是，与"巧权力"相对应的，还存在着一种更加强调"硬权力"的"蛮权力"战略，也可将其称为"硬权力 2.0 版"。如"巧权力"可简化为"硬权力 + 软权力"，那么"蛮权力"也可简单地看作"硬权力 - 软权力"，即在本应发挥"软权力"的领域使用"硬权力"的方式投射"硬实力"，将自己的"软实力"武器化，以更综合的手段强迫对手接受己方意志。它大体包括三项内容：

第一，理念上是一种短视的实用主义，以"即时见效"为目的，不在乎声誉的损失和对长远未来的影响。信奉"蛮权力"的政府或其他行为体并没有很强的道德观，同时，它受意识形态影响也不大，它谋求实现国家利益在每时每事上的最大化，无论对手是自己的敌人还是盟友，也不在意过度贪利带来的远期负面效应。

第二，蛮权力关注交易的能力和筹码，在战略指导之下，它的实力范围除实施军事威胁的力量，还包括将经济相互依赖逆向化，将贸易、投资、金融网络以及人员交流"武器化"的资源。"蛮权力"的使用者不仅会"炫耀"自己的航空母舰编队和军费开支的数量，也会在网络化时代对自由主义进行反切割，利用相互依赖的不对称性和自

---

① Lucy Madison, "In Farewell Speech, Clinton Calls for 'Smart Power' on Global Stage", CBS NEWS, February 1, 2013.

己在网络中的地位要挟"棋盘"上的对手。自由主义者积极乐观地看待经济相互依赖和当今世界的网络化状态,认为国际制度可以提供信息、降低交易成本和减少不确定性①,因此积极参与国际合作有利于参与各方权力的增长。他们也认为在一个网络化世界中,权力取决于你和谁在一起(power with),而不是你能胜过谁(power over)。② 这是"巧权力"的重要理论依据,但"蛮权力"信仰者则从安全和相对获益的现实主义视角出发,看重一国所拥有的消极权力(negative power)③,认为高度不对称的网络使得经济关系等"低政治"问题也可通过强制性方式处理,逆向相互依赖思维可以使得全球化"创造出一个任何东西皆可变为战争武器的世界"④。

第三,粗鲁的行使方式。在不提供国际公共产品的同时,背弃外交艺术和讲究的修辞,以命令的方式追求本国利益。一流的外交可以放大一国的物质权力⑤,这是无论

---

① [美]罗伯特·基欧汉:《霸权之后:世界政治经济中的合作与纷争》,苏长和等译,上海人民出版社2006年版。

② Anne-Marie Slaughter, *The Chessboard and the Web: Strategies of Connection in a Networked World*, New Haven: Yale University Press 2017.

③ [美]罗伯特·基欧汉和约瑟夫·奈:《权力与相互依赖》(第3版),门洪华译,北京大学出版社2002年版,第45页。

④ Rosa Brooks, *How Everything Became War and the Military Became Everything*, New York: Simon and Schuster, 2017.

⑤ Maurice Keens-Soper Berridge and T. G. Otte, eds., *Diplomatic Theory from Machiavelli to Kissinger*, New York: Palgrave, 2001, p.20.

现实主义，还是自由主义都认可的事实，但"蛮权力"行使者不在意外交礼仪规范、言辞和逻辑中包含的相互尊重和互惠要素，留给外界一个"蛮横"的、试图"以力服人"的负面形象。

总体而言，"蛮权力"战略中的实力投射方式已经超出了传统"硬权力"的范畴（强制和收买），"软实力"占优的国家或其他行为体把自己在制度领域的优势地位以"要挟"的方式逆向转化为实际获利，是"蛮权力"占据主导地位的一种行为。在"蛮权力"行使过程中，实施者并不畏惧这些降低自己在国际机制中的地位和声誉的行为，会从中远期损伤自己的经济和军事实力。只要能够即时获益，"蛮权力"行使者认为这种"反拉为推"的行为和方式也是值得实施的（见表1-1）。"巧权力"的拥趸从自由主义原点出发，默认全球化时代的经济相互依赖和网络化结构绑定了各方利益，利益攸关方因可从互惠中获利，或是能够避免单边受损，所以倾向维持现有机制及国家间的和平①，但经济全球化未必一定能够保证主要国家奉行"巧权力"战略，存在它们转向"蛮权力"的可能，关键在于决策者对未来的认知和评估。而一旦转向"蛮权力"，在经济相互依赖关系中脆弱性较小的一方则在一场"双输"的斗争中，有可能因"输得少"而成为胜利的一方。

---

① Robert O. Keohane, "The Old IPE and the New", *Review of International Political Economy*, Vol. 16, No. 1, 2009, pp. 34-46.

乔治·沃克·布什任总统任期内以虚假理由（编造了萨达姆拥有大规模杀伤性武器的说辞）发动了伊拉克战争，也退出了《京都议定书》等国际条约，但他的单边主义外交政策出发点不能完全归为美国的即时国家获益。为了反恐和向全球推广美式民主，他愿意承担相应的成本。但唐纳德·特朗普在2017年入主白宫后，明确提出"美国优先"（America First）的战略目标，以"国家安全"和"美国吃亏"的名义离开的国际组织和多边协议达到历史之最，将经济工具"全面武器化"①。特朗普自称"关税人"（Tariff Man），对中国、欧盟、日本、韩国、墨西哥、加拿大等美国在全球的主要贸易对象全面发起"关税战"，并且频频使用"长臂管辖"，运用金融和贸易制裁等经济武器追求美国贸易"平衡"及确保美国优势地位的其他政治和安全目标，特朗普治下的美国使用强制性经济工具的频率在美国历史上前所未有。② 约瑟夫·奈在2019年荷兰海牙的一次演讲中称特朗普使得美国变为一个"更硬的权力"（harder power）③，但显然这种模糊的概括不如"蛮权力"准确。

---

① *The Economist*, "Weapons of Mass Disruption", June 8–14, 2019.
② Hal Brands, "Reckless Choices, Bad Deals, and Dangerous Provocations", *Foreign Affairs*, September 27, 2019.
③ 约瑟夫·奈2019年6月17日在荷兰海牙战略研究中心的演讲。参见 Joseph Nye: "The Future of Power: Hard, Soft, Smart, Sharp?", June 17, 2019, https://www.hcss.nl/events/future-power-hard-soft-smart-sharp-joseph-nye。

二 特朗普的对欧"蛮权力"外交

第二次世界大战后的跨大西洋关系主要由三部分构成：欧洲受美国军事保护的安全同盟体系，经济上的欧美相互依赖和竞争合作关系，以及外交上欧美共为以民主价值观为核心的"西方共同体"或者说"自由世界"的核心组成部分。军事和经济关系是美欧"硬实力"相对状况的客观呈现：美国2019年军费开支达到7320亿美元，接近所有欧洲国家军费开支总和的两倍[①]，美军从卫星、导航到空中加油和C4I指挥系统的现代战争必要装备远超欧洲，1999年的科索沃战争和2011年的利比亚战争都从实践上证明，如果没有美军参与，欧洲难以赢得一场中等规模的战争，军事实力上的不对称使得欧洲不得不部分依赖以美国为首的北约来抵御地缘政治威胁或是对外进行战争；但是在经济方面，作为世界前两大发达经济体的美国和欧盟体量相近，21世纪初期欧盟的GDP总量还曾一度超越美国，所以欧洲具备与美进行经济竞争的资本。

不过，在外交领域美欧选择合作还是疏离，则在很大程度上取决于它们双方对"软实力"（如国际机制、外交

[①] Stockholm International Peace Research Institute, *SIPRI Yearbook 2020: Armaments, Disarmament and International Security*, Oxford: Oxford University Press 2020.

和政治价值）的态度和运用。第二次世界大战后由美国主导建立的自由主义国际秩序曾一直是跨大西洋同盟关系的外交基石，奥巴马和希拉里·克林顿的"巧权力"外交战略既包含多边主义，也赞同安全盟友间加强所谓"民主国家"间的相互贸易和投资。但在美国共和党的保守主义理念中，美国这样的超级强国不应甘做"被束缚的格列佛"，忍受国际制度、国际规范等"小人国绳索"的"捆绑"①，而大多数欧洲国家更希望生活在法律世界，而不是实力世界中②，所以美国共和党的单边主义外交政策常常引起它们的反感。不过美国两位共和党总统也有区别，乔治·沃克·布什仅对自由主义国际秩序的"多边机制"部分抵触，但唐纳德·特朗普却是20世纪30年代以来第一位全面抵制自由主义国际秩序的美国总统，导致这一"以规则为基础"的秩序已处于摇摇欲坠的危险状态。③《金融时报》专栏作家吉迪恩·拉赫曼（Gideon Rachman）将"特

---

① Stanley Hoffmann, "Groping Toward a New World Order", *New York Times*, January. 11, 1976.

② ［英］罗伯特·库珀：《和平箴言：21世纪的秩序与混乱》，吴云、庞中英等译，北京大学出版社2007年版，第154页。

③ Niall Ferguson, Fareed Zakaria and Rudyard Griffiths, *Is This the End of the Liberal International Order? The Munk Debates*, Toronto: House of Anansi Press, 2017; G. John Ikenberry, "The End of Liberal International Order?", *International Affairs*, Vol. 94, Issue 1, January 2018, pp. 7–23.

朗普主义"概括为四大支柱：一是经济至上；二是强调国家而非国际制度；三是西方国家由文化或者说是种族而非民主、人权等价值观绑定在一起；四是复兴了"势力范围"概念。① 如此，特朗普政权破坏了欧美关系的国际机制和价值观"软实力"基础，其对欧外交政策实践符合"蛮权力"的三点特征：

首先，在理念上，特朗普是激进的民族主义兼民粹主义者，无论是在2016年美国总统竞选前和竞选期间，还是当选总统后，他都反复声称美国在当下这个美欧主导的国际体系中"吃亏上当"，需要改变现有的"不公正"状况，追求所谓的"美国优先"，凡事以美国的国家利益为重，这令奉行自由主义的欧洲国家主流建制派大惊失色。德国历史学家海因里希·温克勒（Heinrich A. Winkler）称"特朗普当选美国总统"就"标志着美欧关系出现了一道自1945年以来最深的裂痕"②。

特朗普对美国国家利益的界定要比他之前的美国总统更窄③，他特别注重经贸领域的贸易逆差或资本外流，认

---

① Gideon Rachman, "The Trump Doctrine: Coherent, Radical and Wrong", *Financial Times*, July 16, 2018.
② ［德］海因里希·奥古斯特·温克勒：《西方的困局：欧洲与美国的当下危机》，童欣译，中信出版集团2019年版，"导言"第2页。
③ Robert Jervis, "President Trump and IR Theory", H-Diplo/ISSF Policy Series, January 2, 2017. https://issforum.org/roundtables/policy/1-5B-Jervis.

为只要存在贸易逆差就需要重新谈判贸易协定，只要是对美贸易顺差国，美国就有必要对其动用贸易政策工具。①在此重商主义经济理念的指引下，美国政府将各国之间的经济交往看作"零和游戏"，凡是危及美国贸易和就业的国家均被视为对美国利益的危害国。②欧洲国家也不例外，2018年美国就滥用国家安全理由，向包括欧洲在内的主要贸易伙伴额外征收钢铝关税，并持续威胁要对欧洲汽车、飞机及其他商品征收高关税。这种"算账方式"也延展到安全议题之中，2018年7月的北约峰会上，特朗普声称欧盟不能每年享受着1510亿美元的对美贸易顺差，却让美国人花钱保卫欧洲的安全。这次北约峰会期间，特朗普在接受美国哥伦比亚广播公司采访时，甚至说欧盟是比俄罗斯和中国"更恶劣"的"敌人"或"竞争者"③。相比短期经济利益，价值观在特朗普政府的外交考量中的分量不高，2017年12月的《美国国家安全战略》报告提出该战略以"有原则的现实主义"为外交指导方针。所谓"有原则的现实

---

① 郭凛、余振：《美国贸易政策的历史逻辑与时代特征：特朗普与里根政府政策比较》，《当代美国评论》2020年第1期。

② 周琪：《论特朗普的对华政策及其决策环境》，《世界经济与政治》2019年第3期。

③ Andrew Roth, et al., "Trump calls European Union a 'Foe' Ahead of Russia and China", *The Guardian*, July 15, 2018, https://www.theguardian.com/us-news/2018/jul/15/donald-trump-vladimir-putin-helsinki-russia-indictments.

主义",就是"以结果而非意识形态为导向",采用实用主义态度处理世界事务,"民主""自由""人权"等西方价值观只是美国保卫自己"主权"的工具,而非目的。① 已被特朗普解除职务的美国前国务卿雷克斯·蒂勒森(Rex Tillerson)在2017年5月对美国国务院的一次全体讲话中,明确提出对价值观的追求有时会成为实现美国安全利益和经济利益的"障碍"②。

特朗普政府抛弃了体现美国"仁慈的霸权"(Benign Hegemon)中的国际主义成分和作为美国道德制高点工具的"国际公共产品"概念,反而一再强调美国在现有国际秩序和国家竞争中利益受损,其理念与"巧权力"相对。

其次,政策上将美欧相互依赖的网络化关系"武器化"。特朗普对维系包括美欧关系在内的国际机制视若草芥,弃如敝履,先后退出跨太平洋伙伴关系协定(TPP)、气候变化《巴黎协定》、联合国教科文组织、联合国人权理事会、万国邮政联盟等国际机制,在新冠疫情暴发蔓延之际宣布退出世界卫生组织(WHO),搁置欧美之间的跨大西洋投资与贸易伙伴关系协定(TTIP)谈判、单方面撕毁伊

---

① The White House, "National Security Strategy of the United States of America", December. 2017, https://www.whitehouse.gov/articles/new-national-security-strategy-new-era/.

② Rex W. Tillerson, "Remarks to U. S. Department of State Employees," May 3, 2017, https://www.state.gov/secretary/remarks/2017/05/270620.htm.

朗核协议，退出美俄《中导条约》，以拒不批准争端解决机制上诉法官的方式阻碍世界贸易组织（WTO）正常运作，引起欧洲国家和民众的极度反感。为扩大美国页岩气在欧洲的销路，打击俄罗斯等能源供给竞争对手，2019年12月美国制裁参与"北溪2号"天然气管线工程的欧洲企业，该工程是德国与俄罗斯合建的俄气输欧重点项目。作为第二次世界大战后国际金融体系和信息体系的核心节点国家，美国政府不仅继续监视包括欧洲在内的全球货币和信息流转，而且将自己的特殊地位作为"武器"，以拒绝情报分享、阻挠SWIFT支付系统运作、进行"次级制裁"[①] 等方法吓阻欧洲国家政府和企业与伊朗、中国的正常经济往来和技术合作。美国国务院2020年9月还宣布，由于国际刑事法院仍在调查美方在阿富汗的行动，美方对该法院的首席检察官和管辖、互补与合作部门负责人实施制裁，冻结两人的资产，限制其旅行，而且任何向这两人提供实质支持的个人和实体都可能会面临连带制裁，这种直接制裁"一个国际司法机构及其公职人员"的行动"前所未有"，欧盟和比利时对此坚决反对，认为它已经构成对《罗马规约》下的国际刑事司法系统和法治的严重攻击，"不可接受"。

---

① "次级制裁"指一国凭借其国际优势地位将其单边制裁转变为多边制裁的强制手段。参见杨永红《次级制裁及其反制：由美国次级制裁的立法与实践展开》，《法商研究》2019年第3期。

比较小布什时期的欧美关系裂痕与特朗普"缔造"的大西洋关系危局，13年前的欧美关系问题是欧洲是否愿意跟随美国进行"民主帝国"扩张，而现在的问题则是美国根本不愿听从欧洲的劝告，反而要自毁现行世界秩序和主要由欧美组成的"自由世界"的根基。

最后，特朗普的对欧言行相当粗鲁和无礼，甚至已经偏离了正常的"外交轨道"。特朗普"创造"出大西洋关系史上的多个"第一次"：他是公开表态"欧盟是一个'敌人'"的第一位美国在任总统、第一个公开反对欧洲一体化（希望并支持欧盟解散）以及第一位威胁欧洲说"美国有可能撤出北约"的美国总统。新冠肺炎疫情暴发后，特朗普从欧洲抢夺疫苗公司和防疫物资，不通知欧盟就直接颁布对欧洲的"旅行禁令"。他不仅将自己管理不善的责任"甩锅"给中国和世界卫生组织，也同样公开批评欧洲国家对疫情管控不力，把病毒"播种"到美国。有欧洲评论家指出，布鲁塞尔、巴黎和柏林均认为特朗普政府是将欧洲这些美国的"老朋友"当作拳击沙袋，当他从脑海里平时想不起来的某个角落里捡起欧洲来，就是一顿"拳打脚踢"①。

特朗普在就任美国总统后，花了一年半的时间才任命美

---

① David M. Herszenhorn, "Trump's Europe Strategy: Nothing", *The Politico*, June 4, 2020, https://www.politico.eu/article/donald-trump-eu-strategy-nothing-g7-summit-angela-merkel/.

国驻欧盟大使戈登·索德兰（Gordon Sondland），仅一年半后，这位特朗普选举筹款人出身的大使又被起诉而不得不离职，此后驻欧盟大使即一直由美驻比利时大使兼任。美国前驻德国大使理查德·格雷内尔（Richard Grenell）驻德期间频频批评和干涉德国内政，被称为"占领国指挥官"和"特朗普的手臂"，在他于2020年2月回国任国家情报代理总监后，大使职位则一直空缺，仅由公使代行职能。对特朗普政府的非常规（不正常）外交方式，欧盟及德国外交官都非常失望。即使是德国国内对美有深厚感情的大西洋派也意识到，对美国这任政府，除了忍受之外，德国没有什么其他选择。①

总体来看，特朗普提出的"美国优先"本质上是美国贸易优先、美国就业优先、美国经济优先②，这就挫伤了欧美关系"隐藏的基础"——欧洲实际上是以承认美国的霸权，来换取美国不会用其霸权限制欧洲的经济发展，但特朗普放弃了这一交易，不再为霸权付出公共产品或提供保护，反而寻求狭窄利益范畴下的单边获利。③ 换句通俗

---

① David M. Herszenhorn, "Trump's Europe Strategy: Nothing", *The Politico*, June 4, 2020, https://www.politico.eu/article/donald-trump-eu-strategy-nothing-g7-summit-angela-merkel/.

② 周琪：《论特朗普的对华政策及其决策环境》，《世界经济与政治》2019年第3期。

③ Robert Kagan: "A New Liberal Order and the Law of the Jungle", *Aspen Review*, Issue 03/2019, https://www.aspen.review/article/2019/robert-kagan-new-liberal-order-law-jungle/.

的话，美国这个"治安官"（sheriff）开始只考虑"自留地"，欧洲无论是继续"搭便车"，还是与之寻求"共赢"都变得颇为不易。此外，电信、运输和贸易等低级政治事务原本都是国际共同体事务，国家一般不会过度干涉，但特朗普将其全面政治化和武器化，开启了全面反转经济全球化的"逆流"。他对待自己的盟友"毫不留情"，直接挥起关税和制裁的"大棒"。美国的次级经济制裁，特别是金融制裁也的确令包括欧洲国家在内的资本难以反抗，形成一定的"寒蝉效应"。在实践中，特朗普的"蛮权力"使得美国的制裁法律体系发展成为另一种推行美国外交政策的"航空母舰"[①]。

三　欧洲的选择

跨大西洋关系中的欧洲一侧相对稳定，德国、法国等欧洲大国和欧盟委员会等欧洲机构依然由建制派主政，它们仍然认为自由国际主义是维系世界经济和政治稳定的基础性原则，也希望作为盟友的美国奉行"巧权力"战略，加强同欧洲的协调，共同巩固西方在全球的主导性地位。

从实力角度来看，欧盟是一个具有超国家性质的新型

---

① Perry S. Bechky, "Sanctions and the Blurred Boundaries of International Economic Law", *Missouri Law Review*, Vol. 83, 2018, p. 1.

第一章 "蛮权力"还是"巧权力"外交

地区性组织，它在世界范围内的影响力主要体现为其"民事性强权"（civilian power）力量，它包含两项特长：一是以"经济硬实力"为基础，发挥欧盟作为世界最大贸易体（欧盟对外贸易占全球贸易的20%）的实力，通过签署附加自己偏好的双边自由贸易协定和引领国际机构中的多边贸易投资谈判，成为一支"贸易性权力"（trade power）①；二是依靠欧洲在过去两个世纪塑造全球议程的进程中所积累的制度、价值、文化和人力资源"软实力"，再加上欧洲因自身一体化而总结出的治理经验，成为塑造国际规范的"规范性权力"（normative power）。② 对于维持世界秩序和管理全球事务，欧盟与美国既有相互竞争的一面，也有相互补充的一面：一方面欧盟的军事实力虽然不突出，但它也是一个"安静的超级大国"（the Quiet Superpower）③，凭借"贸易性权力"和"规范性权力"在世界舞台上展现出一个有别于美国的"罗马"式霸权的"希腊"

---

① Sophie Meunier and Kalypso Nicolaidis, "The European Union as a Trade Power", in Christopher Hill and Micheal Smith, eds., *International Relations and the European Union*, Oxford: Oxford University Press, 2011.

② Ian Manners, "Normative Power Europe: A Contradiction in Terms?", *Journal of Common Market Studies*, Vol. 40, No. 2, 2002, pp. 235 – 258.

③ Andrew Moravcsik, "Europe: The Quiet Superpower", *French Politics*, Vol. 7, No. 3/4, pp. 409 – 413.

型力量，它的发展模式被称为"欧洲梦"①，它治理世界的方法比美国"更加积极、更加和平"②，并向全世界昭示了全球治理的未来走向（像它一样深度的地区一体化）。但另一方面，缺乏美国的军事支持，欧盟的经济"硬权力"和规范性"软权力"又在很多时候无法对西方外世界产生决定性影响，罗伯特·卡根对此有一句有些夸张的概括："欧洲的新康德秩序之所以日臻完善，仅仅是因为依照霍布斯旧秩序行事的美国为其提供了保护伞。"③ 所以如果欧美均奉行"巧权力"战略，将美国的军事"硬实力"同欧洲的经济"硬实力"和制度及规范"软实力"相结合，能够较好地"解决"地区热点冲突问题，比如1999年科索沃战争就是美国承担主要军事任务，而战后的"和平建设"（peace building）则主要由欧盟及其成员国负责。法国和英国这两个欧洲军事实力最强的国家，还会"唆使"美国同其一道发动所谓的"人道主义干涉"军事行动，2011年的利比亚战争就是法国率先派出战机对利比亚

---

① ［美］杰里米·里夫金：《欧洲梦：21世纪人类发展的新梦想》，杨治宜译，重庆出版社2006年版。

② 参见［英］马克·伦纳德：《为什么欧洲会领跑21世纪》，廖海燕译，上海三联书店2009年版。

③ ［美］罗伯特·卡根：《天堂与权力：世界新秩序中的美国与欧洲》，刘坤译，社会科学文献出版社2013年版，第103页。

卡扎菲政权发动了第一轮空袭。①

但是特朗普将美国外交转向"蛮权力"则打破了美欧的分工模式，它至少对欧洲外交造成三方面的冲击：首先，在全球层面上导致全球普遍认可和欧洲赞赏的国际机制严重受损，气候变化《巴黎协定》、世界贸易组织争端解决机制、联合国教科文组织和人权理事会等美国退出或阻挠的多边机制均为欧盟及其成员国看重的各专业领域的权威协定和机构，美国的单边主义政策削弱了欧洲对全球议程的设置权和话语权。其次，令欧洲在安全和外交领域的"搭便车"策略受挫，欧洲在对外军事干预和本土防卫上对美国及其主导下的北约机制过度依赖，特朗普的"美国优先"战略放大了这种结构性不平衡，不仅使得过去三年欧盟和法国等欧洲国家在叙利亚和伊朗问题上愈益被动，也让北约中的大多数欧洲国家因军费比例未达到GDP 2%而"尴尬"地遭受特朗普的言辞"奚落"。最后，维系跨大西洋共同体的情感因美国挑战它们共处的"自由主义国际秩序"而弱化②，欧洲建制派精英认为"让美国再次伟大"的理念和各项实用主义对外政策加速了"西方"

---

① 赵晨、赵纪周、黄萌萌：《叙利亚内战与欧洲》，中国社会科学出版社2018年版。

② John Mearsheimer, "Bound to Fail: the Rise and Fall of the Liberal International Order", *International Security*, 2019, Vol. 43, No. 4, pp. 7-50.

概念的衰落，这个"大西方"是欧美共同组成，依靠自由和民主价值观凝结而成的。①

面对特朗普治下的美国对自由主义国际秩序的破坏，欧盟选择采用"制约"（binding），而不是"制衡"（balancing）战略。制约是制度主义对单边主义的反应②，它既能发挥出欧盟的制度性和规范性等"软实力"优势，同时也不会伤及跨大西洋联盟关系的根基。由于对外贸易谈判是布鲁塞尔的专有权能，欧盟在此领域的反击最为坚决。2018年美国对欧盟征收钢铝关税后，欧盟随即对从美国进口的波本威士忌、哈雷摩托车、大米、玉米和钢材等产品征收25%对等关税；特朗普威胁对欧盟加征汽车关税，欧盟也不示弱，欧盟委员会早已预备好了反制清单。2019年4月欧洲理事会授权欧盟委员会与美国开启贸易谈判，欧盟在贸易谈判领域（如是否包括农产品）、关税税率以及商品标准等核心关切上毫不服软；欧盟还亮出决心要与美国就波音和空中客车补贴问题打"持久战"，在美国2019年10月和2020年2月两次调整空客在欧洲生产的大型民用飞机关税至15%，并对部分欧洲农产品征收

---

① "Munich Security Conference 2020：Westlessness", https：//securityconference. org/en/publications/munich-security-report – 2020/? ftag = MSF0951a18.

② ［德］托马斯·里斯：《自由安全共同体中的美国权力》，载［美］约翰·伊肯伯里主编《美国无敌：均势的未来》，韩召颖译，北京大学出版社2005年版，第274页。

25%关税后，欧盟表示美国如果不进行对话，就将展开报复行动，并已列好120亿美元美国输欧商品清单。

此外，欧盟结合自己的价值理念和庞大的市场，以征收数字税和进行反垄断行政处罚等方式对美主动出击。欧盟认为个人在数字化时代拥有和应当控制自己的数据，需要创建一个便利消费者使用和获益的体系①，而美国的谷歌、苹果、脸书和亚马逊等互联网巨头不仅攫取大量个人数据，并且把利润转移到爱尔兰和卢森堡等低税率国家以方便避税。目前法国、西班牙、意大利都已颁布了大型互联网公司征收数字服务税的法令，2020年年初欧盟也向各成员国提议对大型科技公司征收3%的营业税，以解决跨国企业避税问题，美国硅谷的几大企业是重点征收对象，它们利润中的很大一部分来自欧洲。就避税问题，欧盟2018年就曾对美国苹果公司罚款130亿欧元。针对美国谷歌公司在搜索引擎和广告竞争不公平等问题上，欧盟和法国等成员国的反垄断机构多次对谷歌及其母公司字母表公司以其违反欧盟竞争政策对其罚款，2017年至2019年罚款数额已累计超过93亿欧元。

针对美国对第三方的"长臂管辖""次级制裁"等"武器化"举措，欧盟也出台了一些应对措施。比如美国单方面退出伊核协议，并施压要求SWIFT切断同伊朗银行

---

① *The Economist*, "Big Tech's ＄2trn Bull Run", February 22, 2020.

的金融联系，导致欧洲与伊朗企业账户之间的正常交易和结算无法正常进行。法国财政部长勒梅尔愤怒地称"美国不是这个星球的经济警察"①。为了协助和保护进入伊朗市场的欧洲进出口商，欧盟及法、德、英三国（E3）加紧推动建立对伊结算"专门机制"，于2019年1月底在巴黎建立了独立于SWIFT之外的贸易支持工具（INSTEX）机制，并于2020年成功实施了第一笔交易。这是一个便利记账式易货贸易平台，为了规避美国制裁，所有交易都以欧元或英镑计价，而非美元或伊朗里亚尔计价，系统内的所有交易都不对美国公开，不受美国监管。

可是欧盟毕竟又是一个多国协同体，其内部对美在利益上依赖程度不同，外交中的独立性上也有差异。首先，德国和法国这两个欧盟核心大国对美态度即有差异，法国外交文化保留着戴高乐传统，即独立的世界一极意识，所以马克龙在国际舞台上强调尊重气候变化《巴黎协定》和伊朗核协议的必要性，极力要求保护欧盟框架下农业部门的利益，反美立场较为坚定。德国作为欧盟经济发展的领头羊，对同美国特朗普对打"贸易战"非常犹豫，害怕与美关系恶化妨碍德国经济增长，而且德美之间经济相互依赖程度很深，德国对美拥有大量顺差，它比法国更加依赖

---

① Anne-Sylvaine Chassany, Michael Peel and Tobias Buck, "EU to Seek Exemptions from New US Sanctions on Iran," *Financial Time*, May 9, 2018.

美国市场，同时第二次世界大战后形成的德国政治文化也倾向于在外交中寻求中立和妥协方案。其次，东欧和南欧国家已有一些带有民粹色彩的民族主义政党执政，它们的外交原则与特朗普政府的"美国优先"有相通之处，比如波兰、匈牙利政府在新闻自由、法院法官任命等宪政问题上同布鲁塞尔欧盟机构意见相左，并且拒不接受欧盟的难民协议安排，不接收按照欧盟谈判结果分配给本国的难民①，这些欧盟内部的"反叛力量"干扰了欧盟对美形成统一立场，降低了欧盟联合应对举措的有效性。

拜登当选新一届美国总统，很有可能回归自由国际主义价值观，并继承奥巴马的"巧权力"战略，他已声明在正式出任美国总统后会回归气候变化《巴黎协定》，重新加入世界卫生组织，令美国重返伊朗核协定框架。拜登的过渡内阁人选均为经验丰富的建制派成员，特别是在外交领域，他们有望改变特朗普政府的"蛮横"特征，能够同欧洲同行保持较为融洽的气氛。民主党人对欧洲盟友素来重视，在后疫情时代世界力量对比加速调整的背景下，欧洲的作用恐怕会进一步上升。希拉里在 2020 年 10 月的《外交季刊》上撰文指出：在外交方面，美国的同盟体系

---

① 2018 年 7 月，匈牙利追随美国特朗普政府，退出联合国拟议中的《全球移民协议》，而奥地利总理库尔茨 2018 年 10 月 31 正式表示奥地利不加入此项协议，理由是合法移民和非法移民的界限不明确，波兰也于 2018 年 11 月表态拒绝加入此项协议。

是中俄都不具备的宝贵资源，是美国向全世界投送力量的基础。特朗普威胁北约成员要取消军事保护、分摊军费的做法使美国的同盟体系出现了裂痕，必须修复美国同盟体系才能强化美国的军事地位。① 拜登的当选让欧盟和德国等主要成员国喜出望外，热烈欢迎民主党政府对欧政策的调整。欧盟外交与安全事务高级代表博雷利（Josep Borrell）在博客中写道："我们需要抓住这个机会，重建欧美合作。既然美国新领导层准备重塑双边伙伴关系，欧盟也应做好准备，做出自己的贡献。这个世界需要一个愿意倾听的美国和一个能够行动的欧洲。"②

除了外交气氛之外，拜登执政后在具体政策领域，欧美之间的协调预计也将得到很大改善。比如"长臂管辖"问题，尽管美国在第二次世界大战后一直存在域外执行反垄断法等美国国内法的现象，但重视美国"软权力"或"巧权力"的民主党政府会相对重视国际礼让原则，比如奥巴马任内美国政府就支持在国会听证会和国际反垄断争议中采取节制态度，美国的监管者也会较少依赖单边国家行动，而是更多地依靠机构间合作，走上

---

① Hilary Clinton, "A National Security Reckoning", *Foreign Affairs*, October, 2020.

② Josep Borrell, "Let's Make the Most of This New Chapter in EU-US Relations", https：//eeas. europa. eu/headquarters/headquarters-homepage/88393/let% E2% 80% 99s-make-most-new-chapter-eu-us-relations_ en.

从单边到双边甚至多边的道路。这与欧盟的治理方式相像，欧盟运作的一个重要经验就是通过高密度的会议和磋商，令原本意见有分歧的各成员国甚至是地方代表、利益集团代表达成意见共识，最终形成具有约束力的政策。① 权力运作方式的相近，会使得奉行"巧权力"战略的美国同以"软实力"见长、赞赏多边主义运作的欧盟合作起来更为顺畅。

但是特朗普的"遗产"并不会在短时间内消散，在过去的四年中，特朗普的"蛮权力"已经带给欧洲足够的危机感，欧洲的"战略自主"意识大幅提升，在自主防务建设等领域已有较大推进。2017年11月，法国、德国等欧盟23个国家的外交和国防部长签署启动永久结构性合作（PESCO）的联合告知书（12月葡萄牙和爱尔兰宣布加入，使框架成员国增加至25个），承诺将发展共同防务能力、共同投资防务项目，以便增强彼此的军事实力。目前此框架已初步确定开展包括军事培训、网络安全、海洋监视、后勤保障、救灾和战略指挥等诸多领域的17个防务合作项目。参与"永久结构性合作"的成员国同意履行"有雄心且更具约束力的共同承诺"，包括实质性地提高防务预算以达到约定目标，防务支出的20%用于防务设备，

---

① 赵晨：《全球治理的欧盟方案：涛声依旧还是变成了旧船票》，载严少华、赖雪仪主编《欧盟与全球治理》，社会科学文献出版社2020年版，第14—39页。

2%用于防务技术研发。① 这虽然部分是为了响应北约和美国的要求，但此框架明确要求成员国应优先通过欧盟国家间合作来弥补欧盟及本国现有防务能力缺陷，要求成员国的防务力量储备、技术标准和行动资金应满足欧盟战斗群和理想化防务目标的要求，并在军工发展上参与欧盟的项目，选择欧洲防务署和欧洲共同军备合作组织（OCCAR）提供的框架，以增强欧盟的防务技术和工业基础，这都从军备角度体现了欧盟的战略自主性，会降低欧盟对美国武器出口的依赖。法国总统马克龙清晰地表态："我们增加军费是为了建立自主的欧洲军队，而不是购买美国的军火。"② 前欧盟外交与安全政策高级代表莫盖里尼（Federica Mogherini）称"永久结构性合作这个历史性决定会让欧盟成为可靠的全球安全提供者"，体现出欧盟领导人不想再将欧洲安全和防务"外包"给美国的强烈意愿。③

---

① "Notification on Permanent Structured Cooperation（PESCO）to the Council and to the High Representative of the Union for Foreign Affairs and Security Policy", https：//www.consilium.europa.eu/media/31511/171113 - pesco-notification.pdf.

② Ralph Ellis, "Marcron's CNN Interview", November. 11, 2018, http：//edition.cnn.com/2018/11/10/world/fareed-zakaria-marcon-interview/index.html.

③ 赵怀普：《欧盟共同防务视阈下的"永久结构性合作"机制探究》，《欧洲研究》2020年第4期。

四 结论

"蛮权力"外交具有三个特征：要求即时获益的实用理念、将经济相互依赖武器化作为交易筹码以及粗鲁的对外交往方式。"蛮权力"外交虽然是对特朗普的世界观及其治下美国对外战略的总结，但在经济全球化出现逆流和带有民粹性质的民族主义影响力日益扩大的当今世界，它又具有一定的普遍性。

特朗普当选总统后轻视欧洲盟友，在国际事务中处处以美国的即时获益为外交目标，并将欧美经济相互依赖和国际机制武器化，滥用国家安全理由，使用"长臂管辖"、次级制裁的频度和无理程度达到史无前例的地步，由此创造出一种新的权力类型——"蛮权力"。但在拜登当选美国总统后，他领导下的美国很明显在向奥巴马时代的"巧权力"外交回归。欧洲在其外交"雷达"中的亮度上升，拜登政府一方面以民主意识形态和共有价值观对欧洲盟友进行"绑定"，另一方面在经济和安全领域对欧洲"让利"，力求缓和特朗普时期的美欧矛盾。2021年3月到5月，美国与欧盟暂停双方因波音和空中客车飞机公司补贴争端而施加的进口关税4个月，暂缓征收特朗普时期强加给欧盟的75亿美元的惩罚性钢铝关税；美国国务院宣布豁免对"北溪2号"天然气管道运营公司及其负责人的制裁；五角大楼从阿富汗撤军，但却宣布增加500名驻德国美军。2021年6月拜登将当选总统后的首次出访目的地设为欧洲，连续出席英美峰会、北约峰会和欧美峰会，不断放言"美国回来了"。欧美关系很可能在民主党掌管白宫期间维持相对和谐的局面。

第二章 "自由"还是"公平"贸易

截至2020年年底,美国和欧盟仍为当今世界国民生产总值(GDP)最高的两大经济体①,直到2019年,欧美仍互为最大投资与贸易伙伴(2020年中国超越美国,成为欧盟第一大贸易伙伴),它们的双边经济联系异常紧密:欧美每年双边贸易额超过5000亿欧元,特别是服务贸易总额占世界服务贸易总额的40%以上。美欧还互为对外投资的主要目的地,双边投资额近3万亿美元,美欧双边相互直接投资约为中国与欧洲或欧洲与拉美的5倍,美国对欧盟的投资是美对亚洲国家投资总和的3倍,欧盟对美国的投资是它对中国和印度投资总和的8倍;更重要的是,

---

① 尽管受新冠肺炎疫情影响,但中国2020年GDP仍然维持2.3%的增幅,是当年度唯一保持经济正增长的世界主要经济体。欧盟GDP在2020年同比下降6.4%,再加上英国"脱欧",使其经济总量大幅缩水,但因欧元对美元升值近9%,所以欧盟GDP总值达到15万亿美元。中国则因人民币对美元升值仅6%,所以以美元计算GDP总量约14.88万亿美元,略低于欧盟。

美欧还彼此互为最重要、利润最高的市场。在人员方面，美欧彼此互为主要的离岸工作市场，每年雇用1500万对方员工，大西洋两岸的高附加值工作岗位彼此相通，人员流动极为频繁。

尽管美欧经济相互依赖的程度很深，但作为经济结构相近、发展阶段相同的两大发达经济体，它们之间的竞争和博弈也非常激烈。从经济硬实力看，欧盟在全球仅次于美国，市场涵盖人数和消费力同美国相当或相近，在制定市场规则方面有长期的历史积累和丰富的经验，同时还拥有世界第二大货币——欧元，对外贸易谈判代表权也集中在布鲁塞尔，由欧盟委员会统一执行，不会被美国轻易用双边拉拢各个成员国的方法"各个击破"。同安全防务领域不同，欧盟在经贸领域拥有各种可与美国"叫板"的"武器"。在贸易和投资关系方面，欧美处于比较平等的地位，自20世纪70年代布雷顿森林体系瓦解后，欧美就在为维护各自的经济利益而相互博弈或进行合作性竞争。

2008年国际金融危机后，世界经济格局重塑，美欧经贸关系面临着继续深化，还是保守倒退的两种选项及前景，对政治人物做出这一艰难选择的影响因素既包括经济动机，也包括地缘政治。奥巴马和特朗普在这道选择题上给出了不同的答案：前者坚持自由主义，努力联合欧盟以谈判跨大西洋贸易与投资协定（TTIP）的形式推进美欧经济深度一体化，迎接"贸易新世界"并书写影响中国的贸易新规则；而后者则用"美国优先"的保守民族主义，试图用强征关税等手段扭转欧盟对美贸易出超的格局，维护美国在对欧经贸关系中的"公平"。经贸是美欧关系中美国"巧权力"和"蛮权力"轮转运用最为鲜明的领域，这两种权力哪一种更为有效？欧盟又是如何应对的？笔者将在这一章进行较为详细的跟踪和分析。

一 更自由的贸易，还是更"公平"的贸易

进入21世纪的第二个十年后，美国和欧洲的发达国家对世界贸易谈判的内容和形式的态度有所变化：谈判内容上，它们认为非关税壁垒已经取代关税壁垒，成为世界贸易谈判的核心议题，发达国家工业品平均关税早在2000年就已下降到4%[1]，因此它们认为贸易便利化、市场准入和市场规制协调才是贸易自由化下一步应当突破的主要障碍；在谈判形式上，世界贸易组织（WTO）多哈回合谈判因印度等发展中国家不愿让步而迟迟未能突破，以美国为首的西方国家开始倾向于以巨型区域贸易协定（mega-regional trade agreement）来补充甚至替代世界贸易组织的部分功能。美国、欧盟、日本、加拿大、韩国、澳大利亚和新西兰等发达经济体相互间正在谈判或已签署诸多双边

---

[1] Council of Economic Advisers, *Economic Report of the President* 2000, p. 212.

自由贸易协定。它们是发达国家跨国资本提出的要求,也是经济全球化的新趋势和新形式。

即使在全球多边场合,非关税壁垒问题也早已成为世贸组织谈判的主要障碍,贸易便利化问题在多哈回合谈判中从次要议题近年来逐步转变为最主要的焦点议题。2013年12月7日,世界贸易组织在巴厘岛部长会议上达成了历史性的巴厘岛协议,其主要内容就是围绕非关税壁垒展开的。① 非关税壁垒非常复杂,包含诸多内容,既有各国政府为保护本国市场和企业而"主动"实施的补贴(如为了保证国内农民利益或者为了国家粮食安全而实施的农产品补贴)、进口配额(如限制进口汽车数量),也有客观上因各国各自的监管规则、标准设置所造就的技术壁垒,这些壁垒是不同国家和地区的历史沿革、政治文化和管理结构等深层次政治因素所造成的,很多属于各国政府并非有意树立,而是"无意间"设置的贸易和投资自由化障碍。这些技术要求,原则上对国内外厂商一视同仁,不存在歧视国外厂家的问题,但是对外国厂商而言,它们需要适应不同市场的要求,比如需要本国和出口国的双重测试和认证,需要为适应出口国要求而修改产品自身或者包装的规格,这就增加了它们的生产成本。按照世界贸易组织前总干事帕斯卡尔·拉米(Pascal Lamy)的估算,在所有的贸

---

① 肖志国:《非关税壁垒:贸易谈判新焦点》,《国际金融报》2014年2月10日。

易壁垒中，关税大约只会耗费出口企业总成本的5%，清关成本占到10%，而应对不同市场规制要求的费用却高达20%。① 大型跨国公司尚有足够的财力，拨出专款应对各国市场不同的要求，市场规制差异对企业来说通常为固定成本，即一种产品只需应对一种检验或测试即可，这样如果进口或出口的数量足够多，也可以摊低单位成本，但对中小企业来说，这些阻碍很有可能成为它们"不能承受之重"，迫使它们不得不放弃出口另一国市场的念头。

随着经济全球化的深入发展，以资本为核心概念的市场逻辑进一步压制以国家为核心的政治逻辑②，在资本看来，"世界是平的"，跨国企业在每个国家都应得到平等的对待，各国政府不应再就关税问题或开放本国市场问题与其他国家讨价还价，或是再施行打包交易（package deal）等利益交换。帕斯卡尔·拉米在2015年曾提出"贸易新世界"理论：国际贸易和经济全球化已经进展到一个历史新阶段的起点，"我们正处在由旧贸易世界向新贸易世界的过渡期，贸易开放正在变得非常不一样"，"旧"的世界贸易建立在以国家为基本单位的分割性体系，各国政府尽

---

① Pascal Lamy, "The New World of Trade", The Third Jan Tumlir Lecture by Pascal Lamy, European Centre for International Political Economy, http://www.ecipe.org/app/uploads/2015/05/JAN-Tumlir-POLICE-Essays-%E2%80%94-20151.pdf.

② 赵晨：《并未反转的全球治理：论全球化与全球治理地域性的关系》，《欧洲研究》2014年第5期。

力保护国内厂商,帮助它们与外国企业竞争。而在"贸易新世界"中,生产和服务是沿着全球供给链铺展的,用政治手段去保护本国的经济利益已变得"不合时宜",各国企业跨越国界自主竞争,质量更好、价格更低的产品或服务自然赢得全球消费者的青睐,各国政府不应干涉他国企业的微观运行,而应投入更多的注意力管理经济全球化带来的风险,防止跨国公司或本国企业危害本国国民的身体健康、生产和生活环境以及其他社会权益。① 具体到双边贸易协定领域,如理查德·鲍德温(Richard Baldwin)所言,20世纪的特惠贸易协定(PTAs)是为了帮助"卖东西",两国政府签订协议是为了降低商品跨界壁垒,而21世纪的特惠贸易协定是为了"造东西",当事国政府签署协定是为了帮助本国厂商"嵌入"全球生产链条,使其不受边界管理、投资和资本流动、运输和基础设施的制约。②

但是,这种高水平的自由贸易和投资协调是处于经济发展较为落后阶段的发展中国家所无法承受的,对它们来

---

① Pascal Lamy,"The New World of Trade", The Third Jan Tumlir Lecture by Pascal Lamy, European Centre for International Political Economy, http://www.ecipe.org/app/uploads/2015/05/JAN-Tumlir-POLICE-Essays-%E2%80%94-20151.pdf.

② Richard Baldwin,"Multilateralising 21st Century Regionalism," Global Forum on Trade: Reconciling Regionalism and Multilateralism in a Post-Bali World, Paris, February 11-12, 2014.

说，过高层次的自由开放带给国民经济的冲击过大。因此，发达国家决定自己"先行一步"，以满足在全球产业链和价值链布局已经完成之后，发达国家资本对国际贸易管理体制的更高需求。欧美这两大经济体在奥巴马时代即决定启动跨大西洋贸易与投资协定（TTIP），这一"新一代"贸易协定的谈判。

促使美国与欧盟开启TTIP谈判的另一个原因是地缘政治经济格局的变化。2008年国际金融危机爆发后，以美国和欧洲为代表的西方出现疲态，经济实力相对下降，政治上受到民粹主义的冲击，而同期以中国为代表的新兴经济体势头不断上升，美欧政治人物对此有较深的感受。国际政治与经济紧密相连，经济规模（包括贸易规模和投资规模）意味着政治权力的大小。按照美国学者查尔斯·库普乾（Charles Kupchan）的说法，全球化正在加速世界权力的分化，财富和生产力正在从西方民主国家流向发展中国家，因而建立于这些财富基础上的西方主导的自由国际秩序面临着危机。[1] 在共同的经济威胁面前，西方"集体意识"逐渐回升，这在一定程度上压制了它们相互之间的政治矛盾和分歧，从而促动了综合、全面、深入的TTIP谈

---

[1] Charles A. Kupchan, "Parsing TTIP's Geopolitical Implications," in Daniel Hamilton, ed., *The Geopolitics of TTIP: Repositioning the Transatlantic Relationship for a Changing World*, Washington, D. C.: Centre for Transatlantic Relations, 2014, pp. 22 – 23.

判。美欧政治领导层认为TTIP是两大"民主"（自由民主）政治体的战略合作，是西方复兴的象征性举动，是对"虚弱的西方"（weakened west）论断的一种回击。北约前秘书长拉斯穆森甚至曾表示认可TTIP就是"经济北约"的说法。① 特别是在世界贸易新规则制定权方面，美欧在这方面的战略共识非常明显：美国总统奥巴马在为跨太平洋伙伴关系协定（TPP）辩护时表示"中国想要在世界上增长最快的地区制定规则……我们为什么要让它发生？我们应该书写这些规则"②。欧盟委员会前贸易委员马尔姆斯特伦在欧洲议会履职听证时，也承认"TTIP中的规制谈判

---

① Anders Fogh Rasmussen's Speech at the Conference, "A New Era for EU-US Trade," Confederation of Danish Industry, Copenhagen, Oct. 7, 2013, http://www.nato.int/cps/en/natolive/opinions_103863.htm. 但是，"经济北约"的提法引起很多欧洲人的质疑，在欧洲人看来，TTIP既不应该设立假想敌，也不应该是美国主导。欧洲学界更认同美国前国务卿希拉里·克林顿更委婉一些的说法，即"TTIP是跨大西洋关系除北约之外的'第二锚'"，它将发挥经济上稳固美欧同盟的作用。参见Daniel Hamilton, "TTIP's Geostrategic Implications," in Daniel Hamilton, ed., *The Geopolitics of TTIP: Repositioning the Transatlantic Relationship for a Changing World*, 2014, p. 14; Daniel Hamilton and Steven Blockmans, "TTIP's broader geostrategic implications," in Daniel S. Hamilton and Jacques Pelkmans. ed., ., *Rule-Makers or Rule-Takers? Exploring the Transatlantic Trade and Investment Partnership*, 2015, p. 242。

② "Remarks by the President in State of the Union Address", January 20, 2015, Washington, D. C.: The White House.

工作具有战略意涵,如果世界上最大的两大行为体在贸易领域对标准问题达成一致意见,这些标准就可成为设定全球标准的国际合作的基础"①。

但是,发达经济体之间的经济矛盾以及新自由主义经济政策造就的贫富悬殊和阶级分化也在逐渐积累。二者合力酿造了民粹主义的崛起,促生了2015年英国公投决定退出欧盟和2016年特朗普胜选担任美国总统。民粹主义着重关注所谓的"不公平"问题,并将"祸水"外引,归咎于外国的"不公平竞争"。民粹主义的说法当然偏激,但也不能完全忽视三十多年来新自由主义经济全球化放任自由所导致的社会平等饱受侵蚀的负面效应。2014年美国皮尤研究中心的"全球态度项目"做了一项关于什么是"世界最大的危险"的民意调查,结果表明欧洲和美国的受访者均认为"不平等"超越核武器、宗教和种族仇恨、环境污染、艾滋病及其他疾病等危险,"荣膺"全球最大危险。② 法国经济学家托马斯·皮凯蒂(Thomas piketty)在其著作《21世纪资本论》中,利用现有统计数据指出,2010年以来,大多数欧洲国家,尤其是法国、德国、英国

---

① European Parliament, "Hearing of Cecillia Malmström, Commissioner-Designate (Trade)", September 29, 2014, Brussels: European parliament.

② "Pew Research Global Attitudes Project", http://www.pewglobal.org/2014/10/16/middle-easterners-see-religious-and-ethnic-hatred-as-top-global-threat/.

和意大利，最富裕的10%人群占有国民财富的60%，而这些国家中的一半人口几乎一无所有，最贫穷的50%人群占有的国民财富一般不会超过国民总财富的5%。美国的情况更加严重，最上层的10%占有美国财富的72%，位于底层的一半人口仅拥有国民总财富的2%。①皮凯蒂还提醒大家，由于调查时财富数量是主动申报，所以富人拥有的实际财富很有可能比这一统计更高。美国智库"政策研究所"的报告显示，美国最富裕的20个人的身家是底层5700万美国家庭，约1.52亿人（占到美国总人口的一半）财富的总和。②由于富人的年收入远超过穷人，所以他们之间的财富差距在未来还会越拉越大。比如，尽管遭遇经济危机，但2010年后，富时100指数成分股公司首席执行官平均薪酬累计上涨1/3；标普500指数成分股涵盖的公司中，首席执行官的薪酬中位数为1080万美元，而2015年美国全职工人全年薪酬的中位数不足4万美元③，前者是后者的250倍。

---

① ［法］托马斯·皮凯蒂：《21世纪资本论》，巴曙松等译，中信出版社2014年版，第261—262页。

② Chuck Collins and Josh Hoxie, "The Forbes 400 and the Rest of Us", *Institute for Policy Studies Report*, December 2015, http：//www.ips-dc.org/wp-content/uploads/2015/12/Billionaire-Bonanza-The-Forbes-400-and-the-Rest-of-Us-Dec1.pdf.

③ 《西方大公司高管薪酬被指"无底线"》，《人民日报》2016年8月18日。

第二章 "自由"还是"公平"贸易

西方在第二次世界大战后形成有利于稳定的"橄榄形"社会，即富人和穷人的相对数量皆较少，而中产阶级成为全社会的主体，在21世纪的今天，这种状况已经不复存在，社会结构重向19世纪末20世纪初引发社会动荡的、富少穷多的"金字塔形"靠拢。皮尤研究中心以收入中位数定义"中产阶级"，按照该中心的估算，1971年61%的美国成年人生活在中等收入家庭中，到2015年这一数字下降到49.9%，中产阶层已经不占多数，而低收入者则从1971年的25%上升到2015年的29%，高收入阶层比例也从1971年的14%上升到2015年的21%。[1] 法国经济学家皮凯蒂将中产阶层定义为居10%富人和50%穷人之间的40%人群，中产阶层本在社会总收入中拥有超过所占人口比例的份额，但根据皮凯蒂的估算，在欧洲，2010年中产阶层的年度总收入仅占国民总收入的40%，与其人口比例持平，而美国中产阶层仅占美国国民总收入的30%，预计按照这种趋势，到2030年，美国中产阶层收入将降至总收入的25%。基本上，欧美中产阶层拿到手的只是一些"面包屑"：欧洲中产阶层的财富几乎不到总财富的1/3，美国仅为1/4，他们的人口数量是高收入者的4倍，但财富总量却不足高收入者的1/2或1/3。欧美中产

---

[1] Pew Research Center, "The American Middle Class Is Losing Ground: No Longer the Majority and Falling Behind Financially", Washington, D. C., December 2015, p. 6.

阶层的生活也很不易,他们的平均财富数额只有17.5万欧元,其中很大一部分人群仍未拥有自有住房,只能租房居住,拥有自住房人士中大部分也还未还清住房抵押贷款。① 更重要的是,按照目前的经济增长路径,中产阶层与高收入阶层的差距还会进一步拉大,他们也时刻会因失业等问题掉入低收入阶层,很多人对未来比较悲观。

中产阶级的"下流化"以及贫困人口的大幅增加削弱了欧美主流政党的执政合法性,增加了全社会的不满情绪,进而引发生活困顿人群和失业者对经济全球化的憎恨。对西方很多普通民众来说,他们并未感受到欧美执政者和精英阶层倡导的经济全球化正在或者能够改善他们的实际生活状况,反而认为正是其他国家的工人抢夺了他们的饭碗,来自外国厂商的竞争压低了他们的收入,全球化只不过填满了那些西装革履的金融"才子"的钱袋。蓝领工人和年轻人是受2008年国际金融危机和2009年欧债危机打击最大的两个群体:南欧一些国家如希腊、西班牙,青年失业率超过50%,超过一半的青年没有工作,他们中的许多人不得不开始放低身段与来自中东、北非和中东欧地区的移民竞争收入低、劳动强度大的工作岗位。德国、北欧国家近年来已对福利制度进行大刀阔斧的改革,实行所谓的"灵活保障",很多年轻人只是"部分就业",即短期工作或者

---

① [法]托马斯·皮凯蒂:《21世纪资本论》,巴曙松等译,中信出版社2014年版,第253、265页。

每日工作半天，收入较低。美国的青年人也是经济危机和美国经济缓慢复苏进程中的"失败者"，由于缺乏社会保障的支撑，并需要用多年工作收入来偿还高额大学学费，他们在低收入阶层中的比例大幅上升。① 蓝领工人特别是白人蓝领阶层是欧美在全球化进程中的"最大输家"，欧美资本选择向劳动力更便宜的发展中国家尤其是中国等新兴国家投资设厂，造成欧美蓝领工人的失业问题，特别是高薪工作机会变得越来越少，比如美国蓝领阶层 2010—2016 年损失了 7 万个高薪工作岗位②，再加上文化水平不高（如美国白人蓝领一般学历为高中），他们对自由贸易理论、北美自由贸易区、欧盟，以及世界贸易组织或者跨太平洋伙伴关系协定（TPP）、跨大西洋贸易与投资伙伴关系协定（TTIP）等精英推动的新贸易协定比较反感。2011 年美国年轻人提出的"社会的 99% 反对 1% 的贪婪与腐败"的"占领华尔街"运动还停留在游行示威抗议阶段，到 2016 年民众对经济不平等的不满就已经形成政治气候，出现了强有

---

① Pew Research Center, "The American Middle Class is Losing Ground: No Longer the Majority and Falling behind Financially", Washington, D.C., December 2015, http://www.pewsocialtrends.org/2015/12/09/the-american-middle-class-is-losing-ground/.

② Anthony P. Carnevale, Tamara Jayasundera and Artem Gulish, "Good Jobs Are Back: College Graduates are First in Line", p. 14, https://cew.georgetown.edu/wp-content/uploads/Good-Jobs_Full_Final.pdf.

力的代表性政党，在英国"脱欧"或是美国大选这些重大公决或选举中已经颠覆了主张全球化的主流政党的地位。这些社会和政治现象同样对美欧的贸易协定谈判产生了巨大的"反噬"作用，从 TTIP 谈判的"一波三折"进程中，我们会发现它们究竟可以产生多大的破坏力。

二 奥巴马时代的美欧经贸协调：建设"贸易新世界"的 TTIP

2013 年 2 月 13 日，美国总统奥巴马同欧盟理事会主席范龙佩和欧盟委员会主席巴罗佐共同宣布美欧启动 TTIP 谈判。① 奥地利萨尔斯堡大学的两位欧洲学者将美欧商会和企业界利益集团提交的关于 TTIP 的商界建议、立场文件，以及相关代言人所发表的演说，同美欧官方谈判披露的内容相比较，结论是二者之间的相似度非常高。② 美国

---

① "Statement from United States President Barack Obama, European Council President Herman Van Rompuy and European Commission President Jose Manuel Barroso," Brussels/Washington, February 13, 2013.

② Andreas Dür and Lisa Lechner, "Business Interests and the Transatlantic Trade and Partnership", in Jean-Frédéric Morin, Tereza Novotná, Frederik Ponjaert and Mario Telò, et al., *The Politics of Transatlantic Trade Negotiations: TTIP in a Globalized World*, Surrey: Ashgate, 2015, pp. 69 - 79.

商会（US Chamber of Commerce）和商业欧洲（BUSINESS EUROPE）等代表美欧企业界，特别是大型跨国企业利益的商业团体早已有密切的跨大西洋互动和合作，TTIP 谈判开始后，它们进一步实施"TTIP 商业联盟"项目，扩大影响，"为 TTIP 的成功而发挥教育和倡导功能"①。

按照自由主义国际经济学理论，越方便、越自由的贸易和相互投资越可以更好地发挥双方的比较优势，降低交易成本，增加双方的就业，提升各自的生产效率，促进生产力的发展。鉴于美欧巨大的经济体量和双边贸易投资额，虽然它们之间的平均关税水平只在3%—4%之间，但如果达成自由贸易区协议，将关税削减为零，仍可带来很大收益。据英国智库经济政策研究中心提交给欧盟委员会的报告，如果 TTIP 能够将欧美关税降为零，欧美经济每年的增长率将提高 0.4—0.5 个百分点，欧盟对美国出口可以总体增长 28%。至 2027 年，欧盟每年国内生产总值将因此增加 682 亿—1192 亿欧元，欧盟每个四口之家将平均增加 306—545 欧元的年收入。美国每年国内生产总值将因此增加 495 亿—949 亿欧元，一个美国四口之家将增

---

① BUSINESSEUROPE, Eurochambres, UAEMPE, ESF, AMCHAMEU, AMCHAMS in Europe, US Chamber of Commerce, Transatlantic Business Council, TPN, "Business Organizations Announce Alliance for a Transatlantic Trade and Investment Partnership", May 16, 2013, http：//www. transatlanticbusiness. org/pressreleases/launch-of-business-alliance-for-ttip/.

加336—655欧元的年收入。①

但世界资本,尤其是发达国家的跨国资本早已不满足于减免关税这一传统自由贸易区谈判的主要功能,随着经济全球化和国际贸易自由化的不断深入,发达国家工业品平均关税早在2000年就已下降到4%。② 在发达经济体启动的双边或区域新型自贸区谈判中,关税壁垒和配额、补贴等非关税壁垒不再是谈判的焦点,主要关注点变成协调和统一各自的市场规制,通过相互认证和一致性评估等措施力争确立共同的标准,甚至设立共同的管理机构;谈判的目的是压低、消解各国监管政策的"差异"。这是资本的要求,也是贸易自由化的自然经济规律使然。欧洲内部市场一体化在这方面走在前列,1986年欧洲共同体的《单一欧洲法令》就确立1992年建立统一的欧洲大市场,以法律形式消除欧洲各国国内法律所造成的贸易壁垒。澳大利亚和新西兰1983年签署《澳大利亚与新西兰更紧密经济关系贸易协定》(ANZCERTA)。经过不断更新,目前两国建立的"单一经济市场"(SEM)在某些领域的相互认证的广度和深度(特别是服务业和劳动力市场),甚至超

---

① Joseph Francois, "Reducing Transatlantic Barriers to Trade and Investment-An Economic Assessment," London Centre for Economic Policy Research, 2013.

② Council of Economic Advisers, *Economic Report of the President* 2000, p. 212.

过欧洲统一大市场。2014年欧盟与加拿大签署的《欧加全面经济和贸易协定》（CETA），也包含加拿大承认一系列欧盟汽车生产标准，双方在技术规制领域进行更紧密磋商等规制协调内容。但是在规模上，欧盟和美国的跨大西洋投资与贸易协定却是前几项协议所不可比的，TTIP的谈判协商内容也非常广泛，更具时代特征。

从上述的TTIP的主要内容可以看出，欧美贸易谈判代表都相当注重双方的"规制协调和趋同"，消除非关税壁垒是它的"硬核"和难点①，这符合企业界的希望和预期。

TTIP不同于一般的自由贸易区谈判，非常复杂，它被称为一项"帽子"（chapeau），欧美双方"雄心勃勃"，希望将困扰双边经济关系，但又有可能解决或者向前推进的事项都纳入这顶"帽子"之下。按照谈判内容、拟实现的目标和拟达成的共同原则，大致可将TTIP分为市场准入、

---

① Michelle Egan and Jacques Pelkmans, "TTIP's Hard Core: Technical Barriers to Trade and Standards", in Daniel S. Hamilton and Jacques Pelkmans, eds., *Rule-Makers or Rule-Takers? Exploring the Transatlantic Trade and Investment Partnership*, London: Rowman and Littlefield, 2015, p. 61 – 96; Jean-Frédéric Morin, Tereza Novotná, Frederik Ponjaert and Mario Telò, et al., *The Politics of Transatlantic Trade Negotiations: TTIP in a Globalized World*, Surrey: Ashgate, 2015, p. 6. 王燕：《TTIP管制一致性谈判：欧美管制分歧的消失抑或幻象》，《国际商务》（对外经济贸易大学学报）2015年第3期。

规制合作和促进贸易投资规则三大类（见表2-1），市场准入涵盖了商品贸易和服务业贸易，开放公共采购以及更加透明、清楚、直接的原产地规则；规制合作包括协调双方的规制，消除或降低有碍贸易的各种非关税壁垒（含动植物检疫、食品安全等），在化学产品、医药、工程、纺织品、信息技术和通信产品、汽车等具体产业统一行业标准和监管规则；拟制定的规则涉及可持续发展、能源、便利化、中小企业、投资保护、投资者—东道国争端解决机制、竞争规则、知识产权和地理标志以及整体争端解决机制等多个领域。

表2-1　　　　　　　TTIP内容、目标和原则

市场准入	规制合作 （整体分歧较大）	规则（促进进出口和外来直接投资）
商品贸易：关税和市场准入	规制一致性	可持续发展
		能源和原材料贸易
服务业贸易（分歧较大）和投资	贸易技术壁垒	关税和贸易便利化
		中小企业
公共采购（分歧较大）	动植物卫生检疫措施；食品安全；动植物健康	投资保护和投资者—东道国争端解决机制（美欧分歧较大）
		竞争规则
原产地规则	个别领域：化学产品、信息技术和通信产品、工程、药品、医学设备、纺织品和制衣、汽车、金融服务业	国有企业与补贴
		知识产权和地理标志（欧盟提出地理标志的要求）

续表

市场准入	规制合作（整体分歧较大）	规则（促进进出口和外来直接投资）
		政府对政府整体争端解决机制

资料来源：本表综合《欧盟委员会关于TTIP第11轮谈判的报告》大纲和欧美TTIP研究者的分类制作，分歧点为本章作者注明。[①]

在这三大类中，市场准入类的关税削减本是传统贸易谈判的关键核心，但在TTIP里却是"最不成问题的问题"。欧美均已形成服务业为主体的经济结构，跨大西洋贸易中商品贸易仅占20%左右，而且欧美目前平均关税水平已经很低，只在3%—4%之间，除了纺织品、鞋类和农产品这几个行业还维持高关税外，其他领域均为低关税或零关税税率。即使在农产品这个最困难的领域里，欧美很多类别的农产品也已实现免税，美国30.7%，欧美31.2%的农产品已经免税。高关税商品不是很多，美国高于15%关税的产品只占所有农产品类别中的5.3%，欧盟

[①] European Commission, "Report of the Eleventh Round of Negotiations for the Transatlantic Trade and Investment Partnership", Miami, October 19 – 23, 2015, http：//trade.ec.europa.eu/doclib/docs/2015/november/tradoc_ 153935. pdf. Daniel S. Hamilton and Jacques Pelkmans, eds., Rule-Makers or Rule-Takers? Exploring the Transatlantic Trade and Investment Partnership, London：Rowman and Littlefield, 2015, p. 10.

高于15%关税的产品只占所有类别的26.2%。欧美只在少许几个类别互征高关税,如奶制品、糖、饮料、烟草和一些动物产品。① 由于高关税商品类别较少,价值不高,因而较易用其他条件交换或是用"例外"条款处理。TTIP谈判进程也证明了关税问题较易解决,据欧盟委员会的通报,欧美双方在2015年10月的第11轮谈判中已就97%的商品关税清零问题交换了第二轮文本,只是把农产品关税问题留下来,打算最后一轮谈判解决。②

TTIP的核心是表2-1的中间一栏,即规制合作,再加上市场准入项下的公共采购和服务业,以及规则部分的地理标志(GI)和投资者—国家争端解决机制(ISDS)。③ 除ISDS属于事后仲裁规则外,其他均属于非关税壁垒范畴。根据约瑟夫·弗朗索瓦(Francois)等学者的测算,对美国厂

---

① Tim Josling and Stefan Tangermann, "Agriculture, Food and TTIP: Possibilities and Pitfalls", in Daniel S. Hamilton and Jacques Pelkmans, eds., *Rule-Makers or Rule-Takers? Exploring the Transatlantic Trade and Investment Partnership*, London: Rowman and Littlefield, 2015, pp. 264-266.

② European Commission, "Report of the Eleventh Round of Negotiations for the Transatlantic Trade and Investment Partnership", Miami, October 19-23, 2015, http://trade.ec.europa.eu/doclib/docs/2015/november/tradoc_153935.pdf.

③ Daniel S. Hamilton and Jacques Pelkmans, eds., *Rule-Makers or Rule-Takers? Exploring the Transatlantic Trade and Investment Partnership*, London: Rowman and Littlefield, 2015, p. 9.

商而言，欧盟非关税壁垒造就的成本平均为产品和服务出口发票价格的21%，美国非关税壁垒给欧盟厂商增加的成本占到25%，农业和汽车业最高；列昂纳·方塔纳（Fontagné）等学者的估算更高，欧盟非关税壁垒提升了美国43%的成本，美国非关税壁垒则使得欧盟成本增加了32%。① 无论哪一种测算方法，得出的结果都远高于3%—4%的关税水平。比如，美国与欧盟之间因为玩具安全标准差异问题，每年玩具厂商为满足对方的设计规定，通过对方的产品测试就需要花费30亿美元。② 在机械方面，美国每个州对电线、通风管和水管都有颜色方面的特殊规定，欧洲出口商如果想进入美

---

① 由于非关税壁垒处于隐性状态，所以一般使用ECORYS（关税等价）模型，即将非关税壁垒折算成关税为单位估算的方法。参见Joseph Francois, M. Manchin, H. Norberg, O. Pindyuk and P. Tomberger, "Reducing Transatlantic Barriers to Trade and Investment: An Economic Assessment", Study for the European Commission supporting the Impact Assessment of TTIP, Centre of Economic Policy Research, 2013, http://trade.ec.europa.eu/doclib/docs/2013/march/tradoc_150737.pdf. Lionel Fontagné, Julien Gourdon and Sé-bastien Jean, "Transatlantic Trade: Whither Partnership, Which Economic Consequences?", *CEPII Policy Brief No.12*, CEPII, Paris, September, 2013.

② Michelle Egan and Jacques Pelkmans, "TTIP's Hard Core: Technical Barriers to Trade and Standards", in Daniel S. Hamilton and Jacques Pelkmans, eds., *Rule-Makers or Rule-Takers? Exploring the Transatlantic Trade and Investment Partnership*, London: Rowman and Littlefield, 2015, pp. 64–65.

国市场,就需要分别满足美国各州的法令。① 汽车业更是如此,汽车及其零部件生产者不得不遵从两种不同的安全、测试或是认证条件,这些额外成本致使法国、意大利等实力较弱的欧洲国家汽车生产厂商几乎无法进入美国市场。2013年10月10日,欧盟委员会前任贸易委员卡雷尔·德古赫特(Karel De Gucht)在阿斯平研究所(Aspen Institute)的年会上说:"没有人怀疑美欧生产的汽车的安全性,但是,从车灯到电动窗户,我们都有不同的安全规制。我认为,欧美双方的监管人员肯定会同意这一点:许多规则确定的安全水平事实上是相同的,尽管两者并非完全相同。如果双方能达成共识,那么,汽车和汽车零部件的生产者在进行跨大西洋贸易时就不必遵从两种不同的技术要求了。"②

欧美之间的 TTIP 谈判无疑还具有很多传统自贸区的特征,比如欧美对某些类别农产品的关税、补贴和市场准入保护,法国对文化音像产品的配额保护要求,美国政府的"购买美国货"法令以及其他的政府采购市场不开放问题。③ 欧

---

① Justus Von Daniels and Marta Orosz, "TTIP: EU Exporters Worry About US Harmonization Issues", April 12, https://euobserver.com/economic/132988.

② Karel De Gucht, "Transatlantic Trade and Investment Partnership (TTIP): Solving the Regulatory Puzzle", The Aspen Institute Prague Annual Conference, Prague, October 10, 2013.

③ 农产品补贴、文化产品配额可能都不会列入 TTIP 谈判议程,欧盟也明白美国的"购买美国货"法令不可能取消,它只是希望能在其中增加一些例外类别或条款。

洲对美国不尊重知识产权中的地理标志（指以地方和特别属性命名的产品，特别是食品和酒，比如香槟、帕尔马火腿、菲达奶酪。在欧盟，只有法国香槟、意大利帕尔马和希腊菲达这些产地出产的酒、火腿和奶酪才能拥有上述称谓，但美国厂商早已将这些产地当作产品的一部分，在美国及全球市场售卖）也很有怨言。但在规制问题构成跨大西洋贸易和投资主要障碍的情况下，欧美谈判双方实际上是将破解技术性壁垒，解决欧美产品和服务的不同标准/规制难题，处理规则冲突、安全标准和环境标准的差异，作为谈判的核心部分。欧美谈判双方在世界贸易组织较低标准的《技术壁垒协议》（TBT）和《植物与卫生植物措施协议》（SPS）基础上，针对化学产品、信息技术和通信产品、工程、药品、医学设备、纺织品和制衣、汽车以及金融服务业[①]各行业的技术壁垒特征单独谈判，形成单独政策，最后合成为一个覆盖面广的综合性规制协调体系。这种综合性规制协调方法，之前只在2014年达成的《欧加全面经济和贸易协定》（CETA）应用过。同时TTIP开启了欧美产品技术法规和标准的相互介入式管理，即在一方制定技术法规和标准

[①] 2008年美国次贷危机后，美国实行了比欧洲更加严格的金融监管规则，所以在TTIP谈判中，美国一直不愿将金融服务业纳入谈判框架，不希望对欧盟做出让步，降低美国的金融监管标准。

时，便需要评估对对方的贸易影响，授予对方贸易利益相关方参与的权利。① 美国行政管理机构如要制定一项新的有可能影响到欧盟对美国出口的市场规则时，根据TTIP规定，它就需要事先警示欧盟，并向欧盟提供它的立法依据，美国立法机构在决定前，要听取包括欧盟在内的各方意见。反之亦然。美国政府和欧盟委员会希望将TTIP建成一个美欧各自规制机构之间的深度交流系统，可以不断地在此框架下解决未来新出现的规制问题，使TTIP成为一个"活的协议"（living agreement）。美欧监管机构不但相互认可对方的监管规定，还要统一或者简化双方的监管政策，在当时的TTIP提案中，甚至还有美欧机构共同实施检验的建议。②

从TTIP的谈判内容可以看出，美欧等发达国家集团在全球供应链时代，政府职能已经开始转变：为了资本更方便地流动，降低企业成本，它们需要相互协调各自的市场监管规制，改变自己管理国内市场的方式，在主权方面做

---

① 王燕：《TTIP管制一致性谈判：欧美管制分歧的消失抑或幻象》，《国际商务》（对外经济贸易大学学报）2015年第3期。

② 如果TTIP实施共同检验，将使它的监管协调深度超过《欧加全面经济和贸易协定》。参见 Peter Chase and Jacques Pelkmans, "This Time It's Different: Turbo-charging Regulatory Cooperation", in Daniel S. Hamilton and Jacques Pelkmans, eds., *Rule-Makers or Rule-Takers? Exploring the Transatlantic Trade and Investment Partnership*, London: Rowman and Littlefield, 2015, p.50。

出让步，实现国内规制的"去政治化"①。但是，资本对国内政治的这种干预引起了欧盟和美国内部社会层面的强烈反抗：TTIP这样的深度贸易协定过度有利于生产厂商，生产者因为都已普遍国际化，所以无论国内国外厂商均赞成协调和统一规则，这样它们就可以按照一个标准扩大生产，以较低成本取得规模效应，而消费者的权益以前一直由自己国家政府根据历史传统和文化特点予以保护（并且是通过长期的国内社会斗争才得来的）。所以，在TTIP谈判着力实现欧美市场规制趋同的状况下，欧美很多消费者开始自发组织起来反对这种生产者联盟（或者说资本的侵蚀），因为这种新贸易可能带给他们无法抵御或是难以控制的巨大风险。

跨大西洋双方协调监管机制后，欧美双方各自的劳工权益、环境保护、消费者权利以及食品安全标准是会降低，还是提高？由于谈判一直处于保密状态，外界无法准确了解进展情况，但很明显社会权利和生态标准较高的欧洲人对此更为担心。比如德国、法国等欧洲国家一直担心美国开采页岩气所使用的"水力压裂法"（fracking）技术或将进入欧洲市场，污染水源、破坏地貌。美国农产品标准较低，禁止加入的化学成分远少于

---

① Ferdi De Ville and Gabriel Siles-Bruegge, *TTIP: The Truth about the Transatlantic Trade and Investment Partnership*, Cambridge: Polity Press, 2016, p. 140.

欧洲，欧洲各国环保组织与绿党通过社交网站多次发起抗议TTIP的示威游行，反对美国"氯水鸡肉""转基因玉米"以及"荷尔蒙牛肉"进入欧盟市场，警告TTIP协议生效将导致欧洲农产品的有机转型导向出现反转。注重绿色生态理念的欧洲消费者将转基因食品称为"恶魔"，认为取消转基因食品进口禁令将为欧洲食品安全带来重大问题。此外，美国一直向欧盟施压，要求欧洲放宽数据保护规定，但欧洲民众对此非常抵触，他们担心一旦TTIP达成协议，美国互联网公司就可以利用投资者——东道国争端（ISDS）机制对欧盟数据保护法规提起诉讼，让谷歌等互联网巨头随意获取民众个人信息，侵犯自己的隐私权。斯诺登事件曝光美国国家安全局窃听德、法等欧洲国家领导人电话，欧洲人特别是德国人对信息安全问题更加敏感。2016年5月美国总统奥巴马访问德国前夕，德国多个组织和社会团体在汉诺威举行反对TTIP的大规模游行示威，示威人数达到9万人。5月2日，国际环保组织——"绿色和平"向荷兰和德国的多家媒体提供了多达248页的文件，披露了美欧关于跨大西洋贸易投资伙伴关系协定（TTIP）的秘密谈判内容。文件显示美国谈判者在市场准入、公共采购、转基因食品、地理标识、文化产品和监管政策等诸多谈判领域的强硬立场。绿色和平组织号召所有关心环境、动物福利、劳工权利和互联网隐私问题的民众关注 TTIP 谈判。① 而美国方面也有相关的社会疑虑，2008 年金融危机后，美国实行了比欧洲更加严格的金融监管，对对冲基金的监管更加严格，所以美国工会和非政府组织担心金融业纳入 TTIP 框架，会降低美国的金融监管标准和消费者保护水平。②

所以，尽管有共同的地缘战略需求，但欧美谈判 TTIP 依然存在着显著的政治分歧，这些分歧点固然有传统的国家利益博弈（如市场准入和关税问题），但更多争执来源于应对风险和管理市场的政治理念和制度差异，属于更难协调和统一的政治文化范畴，这符合拉米关于"贸易新世界"政治的理论概括。对市场和政府的关系，美国崇尚"市场至上"的理念，认为只要市场没有失灵，企业自主竞争就可以保护消费者，它的立场倾向于自由主义，而欧洲则对市场的认识相对保守和理性，坚持政府应在规制管理方面发挥重要作用，同时认可国际组织的合法性和权威性，是一种宪制主义理念。③ 比如，在监管合作的核

---

① 具体可参见专题网站 https：//ttip-leaks. org。

② Claude Serfati, "The Transatlantic Bloc of States and the Political Economy of the Transatlantic Trade and Investment", *Work Organisation, Labour and Globalisation*, Vol. 9, No. 1, Spring 2015, p. 32.

③ 赵晨：《并未反转的全球治理：论全球化与全球治理地域性的关系》，《欧洲研究》2014 年第 5 期；赵晨：《中美欧全球治理观比较研究初探》，《国际政治研究》2012 年第 4 期。

心———致性评估问题上,美欧的行业和产品标准制定体系就各有特色:许多美国政府机构采用不同的美国标准,而这些标准绝大多数都是行业协会或处于市场领先的企业等非政府机构制定的,在美国有大量私有标准机构(约600家),它们制定了超过10万条私人标准。[1] 美国国际贸易署(ITA)认为,这样一个系统有利于"技术创新"。美国政府和国会不干涉私人标准化公司的市场化运作,而是通过第三方认证的方法进行管理。而在欧洲各国,标准化机构(私人或者非营利性质)同政府的关系要密切得多,它们通常会接受政府的资助,受政府委托制定某行业的标准,一般来说,一国在某一行业只有一项通行标准。[2] 那么什么才是美欧共同认可,未来还可以推广成为世界公认的"国际标准"呢?欧盟认为"国际标准"应当由国际标准化组织(ISO)或者国际电工委员会(IEC)等国际组织制定并推广,而美国则很少使用 ISO 或者 IEC 国际标准。美国一向质疑国际组织的效率和合法性,认为 ISO 标准里妥协产物太多,而且由于美国企业在很多领域处于全球行业领先地位,很多美国标准事实上是全球标准,专业

---

[1] Emily S. Bremer, "Incorporation by Reference in an Open-Government Age", *Harvard Journal of Law and Public Policy*, Vol. 36, 2014, p. 28.

[2] Emily S. Bremer, "American and European Perspectives on Private Standards in Public Law", Unpublished Manuscript.

化程度高、市场认可，它有底气在 TTIP 等国际贸易谈判中向对方施压，要求对方承认己方标准。

TTIP 谈判中的最大争议是发生贸易争端后应采用何种解决机制：美国主张采用 ISDS 机制，即如果投资对象国的政策损害外国投资者的正当权益与利益，投资者（多为跨国公司）可向独立的国际仲裁机构提起申诉，要求投资对象国赔偿损失，而且国际仲裁法庭由行业人士组成。[①]法国等欧洲国家和诸多欧洲民众反对 ISDS，认为这种仲裁机制过于偏向跨国公司，如此，东道国人民就失去了本国政府和司法系统的保护，本国的劳工权利在外来资本面前将处于更加弱势的地位。在德国的协调下，2015 年年底，欧盟委员会提出 ISDS 改革方案，即以国际投资法庭（ICS）取代国际仲裁法庭。国际投资法庭包括初审与上诉程序，构成法庭的除了美国 ISDS 倡议里的企业律师以及行业专家外，还包括专职法官[②]，同时引入了公共监督程序。这是一个在吸引投资和维护司法主权之间取得一定平衡的妥协方案，欧盟希望以此减轻民众的担心。

欧美在规制哲学方面也有显著的区别。欧盟采取"预防

[①] 美国国会一些民主党议员也反对 ISDS，担心该法院修改美国国内法律。参见仇朝兵《"贸易促进权"之争及其对美国贸易政策的影响》，《美国研究》2016 年第 2 期。

[②] European Commission, "Trade for All-Towards a More Responsible Trade and Investment Policy", Brussels 2015, p. 15.

性"原则,欧洲各国总体认为公共健康、环境、安全等价值极为重要,因为不确定风险造成的损害是不可逆的,所以即使没有充足的科学依据,也要对贸易和投资进行预防性限制;美国则信奉"科学依据和成本收益"原则,认为鉴别某种风险必须有确凿的科学证据,凡是现有主流科学没有证明有害的产品,不应阻碍其上市,同时规制机关还应在成本效益分析的基础上确定是否应当管控该风险,在综合评估政策影响后,再采取符合最佳成本收益比的措施。① 比如在食品安全领域,欧美双方对转基因农产品、添加人工荷尔蒙的奶制品、化学农药等类别的管制有不同态度:欧盟基于"预防性原则"对非自然产生、人工添加的食品添加剂多持反对态度,转基因农产品在法国、德国和意大利是禁止出售的,对于含有少量转基因稻谷成分的产品,只要转基因成分达到0.9%,就需要在产品包装中注明;美国则认为如无切实证据证明其对人体造成危害则不禁止,现有科学研究并未证明转基因谷物会对人体造成损害,因而在美国销售转基因谷物同销售普通谷物是一样的,是否在包装上标识其转基因成分亦基于生产商和销售商的自愿。

美欧规制哲学和理念不同,政治体系和治理方式(欧盟贸易治理体系更加民主,谈判具有更高的透明度,民众和欧洲议会要求代表欧盟谈判的欧盟委员会及时公开和通

---

① 王燕:《TTIP 管制一致性谈判:欧美管制分歧的消失抑或幻象》,《国际商务》(对外经济贸易大学学报)2015 年第 3 期。

第二章 "自由"还是"公平"贸易

报谈判情况，而美国政府在谈判中则相对封闭，与商界利益集团有较好沟通，大众获取信息的途径有限）也有差异，这些都会影响 TTIP 谈判进程以及谈判结果。同时，欧美社会内部存在着强烈的反对声音，TTIP 在欧美已经取代 WTO 成为反全球化运动的"标靶"，欧美的工会和众多非政府组织强烈反对 ISDS 机制①，反对欧美资本家阶层联合起来降低社会和环保标准。鉴于 TTIP 的规模，欧洲民众的关注度很高，举例来说，欧盟委员会在关于欧日自贸协定问题上的公开咨询只收到 89 条意见，而关于 TTIP 的公开咨询，则收到超过 150000 条回应。② 在资本不断推动欧美政治决策层妥协的同时，美欧国内民众通过其内部民主政治机制也在向负责谈判的官员施压。以前贸易谈判一直是欧盟委员会的专属职能，为了在国际谈判中不让对手了解自己的底牌，最大维护己方利益，一般谈判为"黑箱操作"，但现在民众、新闻媒体和非政府组织要求即时了解谈判进展，以确保谈判官员不会有悖民众的利益，要求

---

① Claude Serfati, "The Transatlantic Bloc of States and the Political Economy of the Transatlantic Trade and Investment", *Work Organisation, Labour and Globalisation*, Vol. 9, No. 1, 2015, p. 24.

② Mario Telò, "Interactions between TTIP, TPP and the Japan-EU Free Trade Agreement", Jean-Frédéric Morin, Tereza Novotná, Frederik Ponjaert and Mario Telò, et al., *The Politics of Transatlantic Trade Negotiations: TTIP in a Globalized World*, Surrey: Ashgate, 2015, p. 138.

谈判者不断提高透明度。在欧盟历史上第一次，贸易协议变得政治化了，欧盟委员会贸易委员马尔姆斯特伦2016年夏天甚至表示现在主要的谈判障碍就是"民粹主义"①。2016年，不仅共和党把持的美国国会和共和党候选人特朗普反对TTIP，就连民主党总统候选人希拉里·克林顿也对其持反对态度。

最终，这些反全球化的民族主义情绪的酝酿和积累，在欧美政体内部通过选举或公投的民主方式迸发出来，导致美国总统大选选出了带有民粹主义色彩的特朗普。奥巴马未能在自己任上完成TTIP谈判。从中我们可以看出政治对经济具有的强大反作用力，"在一个没有国家政府或民族国家观念的虚拟世界中，一体化会归结为纯粹的市场一体化——假定不顾及政治的话。但在现实世界中，经济一体化总在一定程度上是政治性的"②。

三 特朗普的"公平"之战

特朗普甫一上任就搁置了同欧洲的TTIP谈判，他忽视

---

① Aleksandra Eriksson, "EU and US negotiators gather for more TTIP talks", *EU Observer*, July 11, https：//euobserver.com/economic/134285.

② ［荷］雅克·佩克曼斯：《欧洲一体化：方法与经济分析》（第二版），吴弦、陈新译，中国社会科学出版社2006年版，第4页。

第二章 "自由"还是"公平"贸易

盟友存在的"蛮权力"行动还远不止此,在经贸领域,他的重商主义思维和"交易型策略"给主要由美国和欧洲国家联合组成的"团结"西方或者是"大西方"概念造成极大冲击。特朗普在其《做生意的艺术》一书中曾自夸地说"我经商的风格是简练和直截了当",他自认为自己有做生意的"直觉"①。《做生意的艺术》里有这样一段话:"尽管争取积极主动极为重要,但在某些情况下唯一的选择就是对抗……一旦有人想很恶劣地或不公平地对待我,或想占我的便宜,我的一贯态度是毫不留情地给予有力的反击。这肯定会带来危险,起码会使本来很糟的形势变得更糟,我当然不是向所有人推荐这种方法。但我的经验是,如果你是为你的信念而战,即使这意味着在这一过程中你将失掉一些人,但你要相信,事情总会有好的结局。"② 很不幸,欧盟和欧洲国家作为盟友,并没有逃脱特朗普的"不公平"指控,在钢铝关税及美国制裁伊朗等问题上蒙受高额经济损失。

特朗普认为美欧贸易存在严重的"不公平"问题。所谓的"不公平",特朗普简单化地将其理解为美国对欧盟存在贸易逆差。2017年春,美国商务部长罗斯在接受英国

---

① [美] 唐纳德·特朗普:《做生意的艺术》,张晓炎,温琪译,企业管理出版社1991年版,第1—2页。
② [美] 唐纳德·特朗普:《做生意的艺术》,张晓炎,温琪译,企业管理出版社1991年版,第13页。

《金融时报》采访时说,美欧之间必须寻找方式来降低美国对欧的1460亿美元货物贸易赤字,他提道:"北美自由贸易协定区之外,我们巨额赤字的来源前三名分别是中国、日本和欧洲,所以聚焦欧洲是很符合逻辑的。"2016年,美国对欧盟四个成员国的贸易逆差即达到1450亿美元(分别为德国650亿美元、爱尔兰360亿美元、意大利280亿美元和法国160亿美元),四国贸易逆差相加是处于第二位的日本(日约690亿美元)的两倍多。特朗普政府的核心对欧经济目标就是要扭转美国的对欧逆差,但它没有采取自由主义式的以"增量"做大蛋糕的方法,用提升本国产品竞争力的和平方法,而是以安全等无根据理由,强行压迫和制裁对方,不惜破坏规则和损失自己声誉来追求自己的"绝对收益"。

作为一位"外行"政治家,特朗普从其商人本能出发,试图以双边方法,即美国与单个欧洲国家单独谈判来解决他所认为的"不公平"问题。但他与欧盟各国签署双边贸易和投资协定的想法明显是对欧盟制度缺乏基本常识,对外贸易协定谈判权是欧盟委员会的权限,各个成员国早已将自己的这份权力上交布鲁塞尔。德国总理默克尔为此拒绝和劝说了特朗普十次,到第十一次特朗普终于明白了:美国不可能施压德国,让它抛开欧盟,与美国单独签署贸易条约。

此外,特朗普政府对欧盟也同样使用了对华贸易战的惯用手法——"极限施压",致使欧美贸易摩擦白热化,争端主要集中在钢铝和汽车两大产业。特朗普认为欧盟与中国、日本、加拿大、韩国和墨西哥等每一个对美享有贸易顺差的国家一样,是"占了美国的便宜",所以其新增的钢铝关税也将欧盟包括在内。2017年7月,G20峰会召开之际,特朗普就表示,"钢铁是个大问题……他们倾销了几十年,必须阻止"。2018年3月底,美国开始行动,宣布对进口钢铝分别实施25%和10%的关税,对欧盟成员国暂时豁免到5月1日。消息宣布后,德国总理默克尔和法国总统马克龙都飞赴美国,与之谈判,希望能够延长豁免期,但最终没有奏效。6月1日,美国开始对欧盟、加拿大和墨西哥征收钢铝关税。美国政府关注的另一个重点领域是汽车业,美方认为欧盟在汽车业存在关税"歧视"(美国对欧洲生产的汽车关税为2.5%,欧洲对美国生产汽车的进口关税为10%左右)。2018年5月23日,美国商务部宣布,计划对部分进口车辆征收25%或者20%的关税,并对汽车和零配件展开"301调查"。据德国工商联合会的调查,如果美国对德国进口车开征新税,德国经济每年将损失60亿欧元。更重要的是,美方的单边主义制裁行动为欧洲经济复苏制造了不确定性,给欧洲经济增长蒙上了阴影。欧洲中央银行本欲在2018年宣布退出量化宽松,但与美国的贸易冲突却拉低了欧洲经济增长和通货膨胀预期。欧盟委员会被迫将欧元区2018年经济增长预测值从 2.3% 下调至 2.1%，其中很重要的原因就是贸易紧张局势。如果出口进一步放缓，有欧洲经济界人士认为，欧洲经济增速有被拖拽至 1% 的可能，通胀率也会因之上升。

美国这种带有强烈霸凌性质的保护主义和单边主义欺压性贸易政策，引起欧盟和欧洲国家政府的极大愤慨。欧盟和德、法等主要欧盟成员国对美国的关税制裁进行了较为坚决的反击。美方打算对欧盟开征钢铝关税后，2018 年 5 月 18 日欧盟向世界贸易组织提交了一份制裁美国产品的清单，拟自 6 月 20 日起，对从美国进口的价值 33.4 亿美元的波本威士忌、哈雷摩托车、大米、玉米和钢材等产品征收 25% 的对等关税，对美国产品进行精准打击。此外，欧盟还计划从 2021 年 3 月起，对年进口价值达 42.2 亿美元的不同美国产品分别征收 10% 至 50% 的关税，包括珠宝、威士忌酒、汽车玻璃、电信设备、个人护理产品以及牛仔裤。针对特朗普威胁对从欧盟进口的汽车加征 25% 或 20% 的关税，欧盟也准备好了反制措施清单。欧盟的对等反制措施，准确打击到美国的一些重点行业，产生了一定的效果。比如，美国摩托车制造商哈雷—戴维森公司表示，为躲避欧盟的关税报复，决定将部分生产从美国本土转向海外工厂。此外，欧盟加速同世界其他主要经济体的经贸协定谈判，如 2018 年 7 月 18 日与日本签订了未来将实现"零关税"的经济伙

第二章 "自由"还是"公平"贸易

伴关系协定。欧盟委员会以违反欧盟反垄断规则为由，继 2017 年对美国的谷歌公司罚款 24 亿欧元之后，再次开出巨额罚单，第二次罚款金额达到 43.4 亿欧元，这也有对美警示的意味。

但是，欧盟也同时希望尽量避免欧美贸易战，一直在积极转圜，寻求同美方以签署贸易协定的方法稳定双边经济关系。德国总理默克尔公开对美表示，"我们不希望这些关税开征，我们认为我们将会彼此伤害……这些措施不只会伤害我们欧盟，可能还会有更为深远的后果"。欧盟成员国中，法国的态度相对强硬，法国财政部长勒梅尔（Bruno Le Maire）表示，在特朗普政府对欧征收钢铝关税的情况下，欧盟不应与"用枪指着我们脑袋"的美国进行贸易谈判。2018 年 6 月 15 日，美国总统特朗普与法国总统马克龙通话，呼吁欧盟应就减少贸易壁垒同美国展开商谈。2018 年 7 月的北约峰会间隙，特朗普和法国总统马克龙举行双边会谈，会谈中马克龙表示，他并不赞成在受到威胁的情况下进行谈判，他表示："我们需要先进行报复，这样才能在谈判中拥有一些筹码。"

但是欧盟的对外贸易谈判权掌握在欧盟委员会手中，当时的欧盟委员会主席让－克劳德·容克在对美磋商中扮演了一个重要且相对独立的角色。2018 年 7 月 25 日，容克有些出人意料地，并未与欧盟理事会主席共同出行，而是独自①访问华盛顿，同特朗普在白宫会晤。容克来访之前一个月，特朗普在七国集团（G7）首脑峰会上一改其"关税最伟大"的既有立场，政策出现180度的大转弯，提出七个发达经济体应当实现"零关税、零壁垒和零补贴"。容克来访前，特朗普在社交媒体推特上高呼"美国和欧盟都应该取消所有关税、壁垒和补贴！这才是所谓的自由市场和公平贸易！"时任美国财长姆努钦也对欧盟和日本喊话称，特朗普政府愿意与欧、日签署以开放市场和允许"真正的"自由贸易为目标的自由贸易协定。他表示，如果欧洲相信自由贸易，我们就准备签署一项自由贸易协定，任何协定都必须取消关税以及其他壁垒和补贴。

容克访美取得了戏剧化的成果，使得欧美经贸摩擦出现一定程度的反转。容克看似"出人意料"地与特朗普达成"三零"共识，即美欧共同致力于零关税、消除非关税壁垒和消除汽车业之外工业产品的补贴；欧盟也表示愿意进口更多的美国大豆和液化天然气（LNG），以满足特朗普的要求。但欧美之间这一类似奥巴马执政时启动的跨大西洋贸易与投资协定（TTIP）的谈判却并未取得任何成效：首先，容克和欧盟委员会的这一行动没能获得包括法国等欧盟大国政府的认同，法国总统马克龙在容克从华盛

---

① 容克访美的主要随同人员仅为欧盟委员会贸易委员马尔姆斯特伦。

顿回到布鲁塞尔后,公开表示不认同他的主张。事实上,容克与美方发表联合声明后,正在西班牙访问的法国总统马克龙旋即表示,美欧谈判的前提是美国应先取消对欧盟的钢铝征税措施,而且强调美欧的谈判条件必须要经过欧盟委员会讨论通过,而第二天容克本人也否认曾做出过美方公布的关于欧盟进口美国转基因大豆的任何承诺。其次,欧洲各国舆论和社会力量,特别是法国的农民和农业利益集团对从美国进口大豆有很大的意见,德国的汽车业虽然对此持欢迎态度,但参与北溪工程的德国大企业却并不喜欢这一所谓的欧美新贸易谈判。德国美国商会2018年8月28日的一份调查报告显示,高达71%的受访德国和美国企业表示对美欧化解贸易争端的前景持怀疑态度。[1]最后,特朗普的反复无常也让欧洲精英对其不抱信心。果然,2018年8月特朗普就再次提出要对欧盟向美出口汽车征收高关税,极大地"毒化"了欧美刚刚启动的贸易谈判进程,令谈判难以深入。

到2019年4月底,美欧双方在农产品、汽车等问题上的矛盾变得异常尖锐,双方在诸多事项上存在"重大分歧",美欧各自指责对方拖慢了谈判进程,并就2018年7月容克访美时究竟是否将农产品包括进协议谈判内容各执

---

[1] 《美欧贸易争端致美国对德企吸引力减弱》,新华网,2018年8月29日,http://www.xinhuanet.com/world/2018-08/29/c_1123346722.htm。

一词，争辩不休。欧盟不承认当时承诺将就农产品开展谈判，美方则坚持农产品是必须谈判的类别。2019年2月，美国再度威胁要提高欧盟出口美国的汽车关税，4月传统的空中客车和波音公司补贴之争再掀波澜，美国引用世界贸易组织（WTO）的说法，但在世贸组织没有裁定金额的情况下，单方面列出包括大型商用飞机和零部件、乳制品和葡萄酒在内的清单，拟对这些欧盟出口美国的产品加征110亿美元的新关税，以报复欧盟补贴空客公司给波音公司造成的损失。欧盟方面不甘示弱，也准备对美发起反报复措施。2020年2月14日晚间，美国政府宣布，将于2020年3月将欧盟进口飞机的关税从10%上调至15%，这是作为盟友的美国送给欧洲的一份极具讽刺意味的"情人节礼物"。

如前所述，关税在欧美企业和持开放立场的政治人物看来，早已是一种"过时的"旧世界产物，但在特朗普手中却成为其最为倚仗的"武器"。2019年在法国对美国谷歌、苹果、脸书和亚马逊等攫取高利润却缴税相对较少的互联网巨头开征"科技税"之后，美国方面报复法国，向来自法国的进口货征收多达100%的关税，税额达到20亿英镑，涉及的商品包括奶酪、香槟和手袋等。总体来看，欧盟虽然极度反感特朗普的关税"大棒"，但对美国在安全上的绝对依赖和经济上的深度相互依赖让它们的反击显得软弱、犹豫不决、瞻前顾后和反复不定。毕竟，美国主导的北约仍然是欧洲国家对抗俄罗斯的主要安全保障，双方的经济相互依赖度也非常高。

除关税战这一直接交锋外，欧美之间的经济竞争也反映到第三方市场，混杂着外交理念分歧和利益争执的伊朗问题是其中的焦点。2018年5月，在国际原子能机构反复声明伊朗良好遵守了2015年伊核问题全面协议（全称为《联合全面行动计划（JCPOA）》，由伊朗与伊核问题六国，即美国、英国、法国、俄罗斯、中国和德国联合签署）的情况下，美国特朗普政府单方面退出此份协议，并拟对伊朗实施最高级别经济制裁。11月1日，美国开始启动对伊朗的金融和经济制裁，禁止伊朗对外出口石油，并对与伊朗保持经贸往来的其他国家企业实施"长臂管辖"，进行相应制裁。美国此一举动遭到中国、俄罗斯和欧盟的反对。在欧盟外交和安全政策高级代表莫盖里尼的协调下，她与法、德、英三国外长和财长于11月2日发表联合声明，称欧盟、法国、德国、英国对美国此举"深表遗憾"，承诺将继续致力于执行伊核问题全面协议，维持与伊朗的正常经贸往来，确保伊朗继续出口石油和天然气。考虑到美国的金融制裁将制约欧洲与伊朗企业之间账户的正常交易和结算，欧盟及法、德、英三国加紧推动建立对伊结算"专门机制"，筹备设立"特殊目的实体"（SPV），绕过美国制裁，这显然对美元霸权提出了挑战。8月，为了协助和保护进入伊朗市场的欧洲进出口商，欧盟宣布更新其

"阻断法令"。按此法令，如美国对别国的制裁殃及欧盟企业，涉事企业无须遵守相关制裁法案，还可索赔损失及冲销外国法院基于制裁法案所做判决的影响。此外，欧盟还宣布援助伊朗1800万欧元，用于扶持伊朗私营企业的发展。美方对此很不高兴，据彭博社2018年11月6日的报道，美国驻欧盟大使桑德兰表示，他对欧洲在美国重启对伊朗制裁措施一事上的反应感到失望。他还称，欧盟建设"特殊目的实体"是为了绕开美国对伊制裁，"我认为SPV就是纸老虎"。但是，欧洲涉足伊朗业务的大企业由于美国市场对其更为重要，它们中的很大一部分，比如法国道达尔石油、丹麦航运巨头马士基和德国安联保险公司等已陆续退出伊朗市场。可见，欧美在经济上的深度相互依赖，在一定程度上也限制了欧盟的独立性，为它同美国的经济战增加了成本。

四　结论及展望

特朗普以产业政策之名对欧洲发起"关税战"，将正常的经贸行为政治化，扭转了奥巴马时期美欧协商，共同推进的跨大西洋经济一体化进程，后者更加符合美欧资本的要求，是以非关税壁垒削减和规制协调为重点的"减法式"自由主义"宏大工程"，是经济全球化深入发展的前进方向。但是特朗普所"缔造"的跨大西洋经济变局也有国际关系理论中的"信号理论"做支撑:"信号理论"认为比较依赖他国的行为主体,如乙国,会受到甲国的摆布,因为甲国知道乙国不想放弃和平带来的宝贵利益①,由此逻辑出发,特朗普寄望用关税惩罚、美元霸权地位和美国市场迫使欧洲让步,态度"蛮横",行事悭吝,强化了美欧经济的竞争和博弈一面。美国的"长臂管辖"和"关税战"强化了欧盟的战略自主意识,欧洲的产业政策回潮、供应链安全焦虑感抬升,2020年12月德国、法国、西班牙、意大利等欧盟17国签署了《欧洲处理器和半导体科技计划联合声明》,未来两到三年内这17个国家将投资1450亿欧元,推动欧盟国家联合研究和投资先进芯片,降低欧洲对美国和亚洲的进口依赖。

2021年年初,乔·拜登当选美国第46任总统,经历一番与特朗普的缠斗后入主白宫。拜登是传统的民主党稳健派,他一再声称盟友是美国力量的可靠来源,对以欧盟为代表的欧洲比较亲近。在他治下,一干拥有丰富经验的民主党精英入主内阁,如前美联储主席珍妮特·耶伦(Janet L. Yellen)任财政部长,欧美经济关系在形式上有可能重返掩饰矛盾、加强协调的奥巴马时代,但在大国经

---

① 不过此理论还指出,由于乙国高度依赖他国,所以如果它想要发出代价高昂的信号,以表明其决心时,反而有更多的工具可用。参见〔美〕戴维·科普兰《经济与相互依赖》,金宝译,社会科学文献出版社2018年版,第32页。

济竞争加剧和发达国家内部政治极化的整体大背景下，特朗普的阴影是大西洋两岸的双方都再难轻易挥去的"遗产"。

第三章　安全"再平衡"

安全是跨大西洋关系的重要领域和内容。在过去近70年里，北大西洋公约组织（简称"北约"）一直是美国与欧洲在安全与防务领域协调、合作的主要机制和平台。近年来，随着国际与地区安全局势的演变、西方民粹主义势力兴起等新情况的出现，特别是美国特朗普政府上台后，跨大西洋安全关系发生了一些重大变化。究竟特朗普上台对欧美安全关系产生了哪些影响，欧洲做出了怎样的反应、在欧盟防务一体化方面取得了哪些主要进展、特朗普时期的欧美安全与防务关系面临哪些障碍以及拜登上台后欧美安全关系的发展前景如何，这些都是跨大西洋安全关系研究的重要课题。本章拟对上述问题进行探讨。

一　特朗普上台前的欧美安全关系

自第二次世界大战结束后的近70多年时间里，以美国为首的北约是维护和保障欧洲安全的重要机制，美国凭借其强大的军事实力和防务高投入在北约拥有主导权，欧洲因自身实力有限，以及对美有安全需求，而长期处于"被领导"的地位。在冷战时期，北约和欧盟（及其前身欧共体）作为各具鲜明性质与特点的两个国际组织，各有分工：北约负责欧洲的军事安全，欧共体则主要集中进行经济合作与一体化。按北约首任秘书长伊斯梅爵士（Lord Isamy）的说法，北约成立的宗旨乃是"将苏联人赶出去、把美国人拉进来、防止德国的东山再起"（"keep the Russians out, the Americans in, and the Germans down"）。以美国为首的北约既是遏制苏联，也是控制欧洲大陆的重要工具；当然，在北约提供集体安全保障，特别是在美国的核保护伞下，西欧国家得以集中精力推进经济一体化；但冷战时期的西欧并不拥有独立的外交与安全防务政策，实际上它长期从属于美国的战略需求。因此，自20世纪70年代后较长时期内，欧盟是一支"民事力量"（civilian power）[1]而不具备独立的防务政策和军事能力。

冷战结束后，随着美欧共同军事威胁的消失，北约作

---

[1] F. Duchêne, "Europe's Role in World Peace", in R. Mayne, ed. *Europe Tomorrow: Sixteen Europeans Look Ahead*, London: Fontana, 1972. F. Duchêne, "The European Community and the Uncertainties of Interdependence", in M. Kohnstamm and W. Hager, eds., *A Nation Writ Large? Foreign-Policy Problems Before the European Community*, London: Macmillan, 1973, pp. 1 – 12.

为"集体安全"性质的军事同盟组织一度面临"要么走出去,要么一事无成"(out of area, or out of business)[①]的窘境。后来,北约逐步寻求战略概念和角色功能转型[②],在保留集体防御功能的同时向域外扩展了其行动的范围和类型,例如,20世纪90年代在科索沃、21世纪初在阿富汗实施军事打击并执行维和行动,同时它也加强了同联合国、欧洲安全与合作组织(OSCE)、欧盟等国际组织的合作,例如在北约内部建设"欧洲支柱"以加强欧洲防务特性(ESDI)等。在此过程中,美国一方面对欧洲独立防务建设保持警惕的态度;另一方面又希望欧洲盟国能够分担安全责任和军事负担。而面对后冷战时期的国际局势和安全形势,经济一体化使得欧盟总体实力大大增强,共同安全与外交政策(CFSP)以及共同安全与防务政策(ESDP,2009年12月《里斯本条约》生效后更名为CSDP)的确立,表明欧洲在政治军事方面取得突破性进展,在一定程度上改善了欧洲在军事安全问题上过去完全依赖于美国的状况。欧盟建立了相关的军事安全机制如政治与军事委员会(PSC)与欧洲防务局(EDA),并提出要建设欧洲快速反应部队(RRF)和战斗群(Battle Groups);自2003

[①] Michael Liebig, "NATO: 'Out of Area' or Out of Business?", *EIR*, Vol. 17, No. 50, December 28, 1990.

[②] 殷翔、叶江:《后冷战时期欧盟—北约关系演变探析》,《国际观察》2010年第1期。

年以来，欧盟已经在共同安全与防务政策框架下实施了数十次军事与民事性行动，在危机管理、冲突预防和国际维和以及打击海盗等行动中发挥了重要作用。此外，后冷战时期的北约和欧盟在加强军事能力建设的同时，都致力于东扩，接纳了许多中东欧国家。目前，很多欧洲国家拥有在欧盟和北约的双重成员国资格①，客观上来说，这有利于两个组织之间的交流与合作，但同时也给两个组织军事能力的建设上带来了重复和浪费。

例如，根据2002年的《柏林附加协议》（Berlin Plus Agreement），欧盟可以借用北约（特别是美国）的军事资产执行维持和平与危机管理等行动，以弥补欧洲国家在远程投送、情报收集及后勤军需等方面的能力短板。此外，在反恐、建设军事能力、应对民事危机等方面，双方也加强了合作。② 1999年，欧盟决定组建一支独立于北约的快速

---

① 北约成员国共30个，欧盟有27个成员国（英国于2020年1月31日正式退出欧盟，使得欧盟从28国变为27国），其中有21个国家也是北约成员国。2019年2月6日，马其顿同北约29个成员国签署加入北约议定书，并于2020年3月加入北约，成为北约的第30个成员国。需要指出的是，根据2018年6月17日希腊和马其顿签署的《普雷斯帕协议》，"马其顿共和国"同意更名为"北马其顿共和国"；2019年2月12日，马其顿政府发表声明表示即日起马其顿正式更名为"北马其顿共和国"。

② Martin Reichard, *The EU-NATO Relationship: A Legal and Political Perspective*, London: Ashgate Publishing Company, 2006, p. 1.

反应部队，以实施人道主义救援、撤侨、维和、处理危机和恢复和平等任务。2003年北约则建立了自己的快速反应部队以打击恐怖主义活动。欧盟成员国一方面要参与欧盟共同安全与防务政策要求的军事能力建设与行动；另一方面作为北约成员，它们又要在北约防务和军事能力建设上投入军费和兵力，这无疑给欧盟中的北约成员国增加了负担。

  冷战结束后的很长一段时间里，北约内部关于美欧任务分工的模式是美国当"大厨"，即负责军事干预、派出战斗部队和维持战斗部队战斗力，而欧洲则负责"洗盘子"，即在美国完成军事行动和控制局势的关键阶段之后，派驻维持和平部队。在2000—2004年小布什政府第一任期，欧洲国家尝试为美发动的阿富汗战争提供军事"帮助"，但遭其拒绝；不过随着小布什在伊拉克战争中的过度扩张，美国开始要求欧洲改变其在安全问题上"搭便车"的局面，承担更多安全责任，帮助美国分担防务负担。美国在伊拉克战争后逐渐放弃了"确保领导地位"（primacy）的战略，实行战略收缩，明确希望盟友协助承担防务开销。[①] 面对这种美国因素消退的欧洲安全秩序

---

① Christopher Layne, "America's Middle East Grand Strategy After Iraq: The Moment for Offshore Balancing Has Arrived", *Review of International Studies*, Vol. 35, No. 1, 2009, pp. 5 – 25; Lanxin Xiang, "China and the 'Pivot'", *Survival*, Vol. 54, No. 5, 2012, pp. 113 – 28.

(American-lite European security order)①，欧洲做出了相应的回应。2010年，北约秘书长拉斯穆森提出"灵活防御"(smart defence)的概念。2011年他在《外交季刊》上撰文，提倡欧盟国家在紧缩时代加强分工合作、发挥各自特长，建设"更加灵巧的防御"(smarter defence)体系。②

2008—2015年即奥巴马执政的8年，美国一方面在亚太地区推行"再平衡"战略；另一方面则要应对乌克兰危机以及强硬的俄罗斯。2011年美国总统奥巴马提出"再平衡"战略，计划将美国战略重点从原来的重心——欧洲，以及中东等冲突地区转向东亚——这一未来的经济增长极和潜在战略挑战地区。③但此后，2013年年底乌克兰危机爆发和2014年3月克里米亚公投"加入"俄罗斯等事件，迫使美欧做出了制裁俄罗斯等回应。在此背景下，美国强烈要求北约欧洲盟友加强防务能力建设，承担更多应对地区性安全威胁的责任。2013年9月，北约时任秘书长拉斯穆森表示："我相信欧洲国家能够、也应该做得更多来满

---

① Doug Stokes and Richard G. Whitman, "Transatlantic Triage? European and UK 'Grand Strategy' After the US Rebalance to Asia", *International Affairs*, Vol. 89, No. 5, 2013, p. 1089.

② Anders Fogh Rasmussen, "NATO After Libya: The Atlantic Alliance in Austere Times", *Foreign Affairs*, July/August 2011.

③ US Department of Defence, "Sustaining US Global Leadership: Priorities for 21st Century Defence", Washington, D. C.: Department of Defense, 2012.

足美国的要求，帮助北约实现再平衡。"① 2014 年 2 月，时任美国国务卿克里在慕尼黑安全会议上发表题为"跨大西洋关系的复兴"的演讲，试图拉拢欧洲听从美国召唤，并服务于美国的全球战略。同年 9 月，北约（威尔士）峰会召开，议题除驻阿富汗国际安全援助部队（International Security Assistance Force，ISAF）的使命移交②外，还包括北约能力发展以及北约与欧洲盟友加强合作、应对乌克兰危机和俄罗斯威胁等。然而，美国将战略重心向亚太倾斜并不表示美国放弃北约，它希望看到的是欧洲国家更多承担欧洲防务和对外干预的重任，实现北约内部欧美安全与防务关系的某种"再平衡"。

　　这种"再平衡"实际上不单单强调欧美之间在军事或防务能力方面差距的缩小或弥合，也包括在双方合作议题、各自承担责任等方面的协调与分工。而要做到这些，都需要欧美双方首先在国际战略和军事策略以及共同利益

---

① Andrew Rettman,"Nato Wants EU Countries to Buy More Drones", *Euobserver*, September 19, 2013, http://euobserver.com/defence/121506.

② "国际安全援助部队"通过加强政府、经济和民间机构以及向阿富汗国家安全部队（Afghan National Security Forces）提供培训、装备和指导向阿富汗提供支持。参见美国国务院国际信息局（U.S. Department of State's Bureau of International Information Programs, IIP),《阿富汗过渡是 2014 年北约峰会要务》, http://iipdigital.usembassy.gov/st/chinese/inbrief/2014/01/20140113290487.html#axzz36kkmZbJW。

界定等方面进行"再平衡"。这是因为美欧在国际战略上的共同利益是北约与大西洋关系存在的基础与前提。[①] 在冷战时期,美欧双方在国际战略上较为一致,例如共同对抗苏联的威胁,这在一定程度上掩盖了它们之间的矛盾和分歧。冷战结束后,美欧在国际战略、安全观以及各自实力等方面都发生了变化,北约作为集体防御性组织对美欧关系的凝聚功能有所下降,但其作为美欧之间在安全、防务领域的主要协调与合作机制,在国际政治与安全等事务中仍然发挥着重要作用。在北约内部,一方面美国继续维持主导地位;另一方面欧盟通过发展共同安全与防务政策逐步具备了一定军事能力,并寻求不断增强其作为全球重要行为体的战略自主性。

从军事策略上来看,尽管随着冷战的结束国际局势有所缓和,这客观上使得美欧似乎失去了共同的战略对象(苏联),但确保欧洲的战略平衡和地区和平与稳定仍是美欧安全战略的共同目标之一。当然,美国对欧洲安全和稳定诉求是希望它有利于美国推行自己的全球战略。从冷战后北约和欧盟两个国际组织的东扩进程,可以看出欧美之间的利益考量虽然有所不同,但在战略目标上存在一定的共识。需要指出的是,就北约内部而言,美国试图继续维持对欧洲事务的主导权,对欧洲防务能力的建设方面也时

---

① 汪滨:《美、欧国际战略异同与北约协调作用》,《武汉大学学报》(人文科学版)2013年第5期。

常指手画脚；而欧洲则希望成为美国的平等伙伴，在军事发展策略与自身防务能力建设方面表现出一定的独立性。此外，后冷战时期特别是2001年的9·11事件之后，美欧之间在反恐、防止大规模杀伤性武器扩散等非传统安全问题方面存在某种共识，这种安全利益和安全观上的接近，也部分地体现在它们安全战略的一致性方面。对于后冷战时期北约的存续与角色能力发展来说，欧美之间在国际战略上的这种一致性乃是重要的前提和基础。

与此同时，美国和欧洲都不可能单独应对当今复杂的国际安全局势，它们在国际安全事务上也存在着一定的相互依赖，尽管程度有所不同（欧洲相对更加依赖美国）。基于各自实力和利益，美国和欧洲都需要在国际事务中加强协调与合作。如2009年奥巴马上台后逐步调整和改变美国在小布什政府时期的"单边主义"政策，使得因伊拉克战争而分裂的欧美关系恢复协调与发展。但随后奥巴马提出"重返亚太"战略，时任美国国务卿的希拉里·克林顿更是实施该战略的积极"推手"，[1] 这引发了欧洲人的一些担忧和疑虑，猜测奥巴马政府对美国传统欧洲盟友的重视程度将会降低，这又损伤到美国与欧洲的盟友关系。

但事实证明，奥巴马时期的美国并未完全放弃欧洲，跨大西洋伙伴关系依然较为牢固。例如，奥巴马政府后来

---

[1] Hillary Clinton, "America's Pacific Century", *Foreign Policy*, No. 189, 2011.

以"再平衡"（rebalancing）替换了带有离开含义的"转向"（pivot）一词，就是为了避免过分刺激欧洲的神经。希拉里在离任其国务卿一职之前也曾安抚欧洲人，称"美国不是要把重心从欧洲转向亚洲，而是要和欧洲一起把重心转向亚洲"。显然，美国的上述姿态表明其依然重视欧洲盟友。继希拉里之后担任国务卿的克里，在其就任后将首访对象选定为欧洲和中东国家，反映了美国对欧洲的重视。2013年2月，时任美国副总统的拜登出席慕尼黑安全会议时称，"欧洲仍然是美国不可缺少的头号伙伴"，"欧洲是我们与世界其他地区接触的基础"和"展开全球合作的催化剂"①。2013年4月，当美军最后一批艾布拉姆斯坦克（Abrams）在时隔69年之后撤离德国时，仿佛一个"历史性时刻"已经到来。② 然而2014年2月，美国又将升级版的该款坦克部署到德国境内。③ 可见，美国是一边

---

① "Remarks by Vice President Joe Biden to the Munich Security Conference", February 2, 2013, http://www.whitehouse.gov/the-press-office/2013/02/02/remarks-vice-president-joe-biden-munich-security-conference-hotel-bayeri.

② John Vandiv, "US Army's last tanks depart from Germany", Stars and Stripes, April 4, 2013. http://www.stripes.com/news/us-army-s-last-tanks-depart-from-germany-1.214977.

③ Michael S. Darnell and John Vandiver, "American Tanks Return to Europe After Brief Leave," Stars and Stripes, February 4, 2014, http://www.atlanticcouncil.org/blogs/natosource/american-tanks-return-to-europe-after-brief-leave.

推行亚太"再平衡"战略,一边又展现出一种"重返欧洲"的姿态,以证明它并未抛弃欧洲。实际上,这是美国在对奥巴马政府第一任期外交政策进行反思和评估后的某种调整,考虑到自身实力的局限性,美国也需要欧洲的继续支持。

因此,在奥巴马时期美国要维护其全球霸权地位,但推行亚太"再平衡"战略并维持美对跨大西洋关系安全与防务的领导权,还需要欧洲盟友支持。① 当然,美国一方面希望欧洲强大起来;另一方面则希望欧洲能够帮助美国分担防务开支与安全责任。特别是随着乌克兰危机爆发和克里米亚加入俄罗斯,美国在奥巴马政府第二任期的关注重点再次移向欧洲,欧美安全关系得以巩固和强化。

二 特朗普时期的欧美安全关系

特朗普上台后,"特朗普冲击波"(Trump Shockwaves)② 从美国总统大选期间的"特朗普现象"演变到同全

---

① 参见张健《大国互动中欧盟的角色》,《现代国际关系》2013年第4期。

② 参见"Trump Victory Sends Shockwaves Through Europe", CBS News, November 9, 2016, https://www.cbsnews.com/news/donald-trump-win-sends-shockwaves-through-europe-allies-nato/;赵怀普、赵健哲:《"特朗普冲击波"对美欧关系的影响》,《欧洲研究》2017年第1期。

◆ 跨大西洋变局

球主义对立的"特氏民族主义"。特朗普极力推行"美国优先"原则的外交政策,导致欧洲强烈的情绪反弹,加剧了欧美之间的分歧。"特朗普冲击波"特别是有关北约和盟国的激进言辞给欧洲带来了巨大压力,但在某种意义上也成为欧盟防务一体化取得重大进展的外部驱动力。

"黑天鹅候选人"① 唐纳德·特朗普当选美国总统后在延续其反传统、反建制的激进言论风格外,更是极力贯彻"美国优先"(America First)的外交理念。② 相对于奥巴马时期,美国的外交战略随着特朗普上台"向现实主义转向"的特征更加明显。③ 在安全事务上,特朗普要求欧洲的北约盟友承担更多责任,这对欧洲和跨大西洋关系造成巨大冲击。

(一)"特朗普冲击波"对美欧安全关系的影响

地产大亨和电视名人出身的特朗普在其竞选期间,公

---

① Jack Shafer,"Trump: The Black Swan Candidate", January 28, 2016, https://www.politico.com/magazine/story/2016/01/donald-trump-2016-black-swan-213571.

② 约在2016年3月,特朗普接受《纽约时报》采访否认其是"孤立主义者"(isolationist)而首次使用该话语,参见"A Short History of 'America First'", The Atlantic, January 21, 2017, https://www.theatlantic.com/politics/archive/2017/01/trump-america-first/514037/.

③ 节大磊:《现实主义理论与美国外交战略的演变》,《当代美国评论》2018年第1期。

开支持英国"脱欧",宣称"北约过时"(NATO is Obsolete),应重新审视其存在的合理性与价值①,指责欧洲盟国"搭便车",称如果后者不增加防务支出,美国将放弃北约和欧洲,而他对俄罗斯总统普京则大加赞扬。这些言论让欧洲人接连受到巨大冲击,尤其是特朗普对战后美国保护欧洲安全政策的严重质疑和挑战,导致欧美安全关系的不确定性上升。时任法国总统弗朗索瓦·奥朗德(François Hollande)曾表示,特朗普如果当选将促使世界政治向右转,他的过激言论"令人作呕"②。

美国大选结束后,欧洲领导人虽然对特朗普获胜表示了庆祝,但并不确定他的上台对美国的国际角色与欧美关系将产生何种影响。德国总理安吉拉·默克尔表示,特朗普的胜利意味着"冲突难以忍受"③。奥朗德认为,欧美

---

① B. Philip, "Donald Trump Is Just About Over This Whole NATO Thing," The Washington Post, https://www.washingtonpost.com/news/the-fix/wp/2016/03/21/donald-trump-is-just-about-over-this-whole-nato-thing/? utm_ term =.8c98818b44a0.

② "François Hollande says Donald Trump 'makes you want to retch'", The Guardian, August 3, 2016, https://www.theguardian.com/world/2016/aug/03/francois-hollande-says-donald-trump-makes-you-want-to-retch.

③ "Trump Victory Sends Shockwaves Through Europe", CBS NEWS, November 9, 2016, https://www.cbsnews.com/news/donald-trump-win-sends-shockwaves-through-europe-allies-nato/.

关系进入不确定期。① 这反映了欧洲的复杂心态——虽不希望看到特朗普上台,今后却将必须与这位美国新总统打交道。同时,欧洲有多重担忧:一是特朗普的理念与欧盟的价值观大相径庭;二是特朗普的胜利有可能助长欧洲民粹主义政党的气势,2017年举行大选的法德等国对此尤为紧张;三是欧俄关系因克里米亚危机陷入低谷的背景下,特朗普对普京的赞誉和对北约的批评让欧洲人对自身安全倍感不安。

对此,北约秘书长延斯·斯托尔滕贝格(Jens Stoltenberg)表示,北约正在改善成员国防务费用分担不公状况,欧洲在增加军费投入。他还强调战后以来美欧通过北约团结成为最亲密的盟友,"一个强大的北约对欧洲来说很重要,对美国也是如此"②。2017年3月,在北约转型研讨会期间,欧洲国家表示强大且运作良好的北约是欧洲安全的基石,支持北约在打击恐怖主义方面发挥更大作用。同

---

① "Trump Message to Europe: 'Era of Free-Loaderism Is Over'", Reuters, November 10, 2016, https://www.rt.com/op-ed/366308-us-trump-policy-protests/.

② "NATO Secretary General Congratulates US President – Elect Donald Trump", November 9, 2016, https://www.nato.int/cps/en/natohq/news_ 137500.htm?selected%20Locale=en; "Russians Rejoice in Trump's Win, But America's Allies Are Anxious", CBS, November 9, 2016, https://www.cbsnews.com/news/donald-trump-celebrated-russia-vladimir-putin-nato-europe-allies-anxious/.

年4月，特朗普表示北约"不再过时"（no longer obsolete）①，英法等国则跟随美国对叙利亚境内的军事目标进行空袭。5月，特朗普首次出席北约（布鲁塞尔）峰会，重申美国支持北约，并与欧洲国家讨论了打击恐怖主义、北约责任分担等议题。应该说，特朗普对北约态度的改变，在一定程度上安抚了欧洲国家。

但"特朗普冲击波"对欧洲特别是德国和欧盟的"伤害"升级，引发后者强烈不满和反击。特朗普不仅严词抨击默克尔的难民政策，还指责德国在贸易、北约军费投入等方面表现不佳。德国对特朗普的不满和对美国作为盟友可靠性的怀疑则不断累积、上升。2017年5月，特朗普在社交媒体推特上发文称"我们与德国之间的贸易逆差很大，而且他们在北约和军事上的投入远比应支付的要少。对美国来说这非常糟糕。这种情况将会改变"。对此，时任德国社民党主席马丁·舒尔兹（Martin Schulz）直言称特朗普是"西方所有价值观的摧毁者"（the destroyer of all Western values），一个更强大的欧洲才能应对特朗普的挑战。②

---

① "Trump U-Turn: NATO 'No Longer Obsolete' as He Declares Commitment to Alliance, Sky News, April 13, 2017, https://news.sky.com/story/president-trump-nato-no-longer-obsolete-as-he-declares-commitment-to-alliance-10834934.

② "Critical Trump Tweet Sends Shockwaves to Germany", EURACTIV, May 31, 2017, https://www.euractiv.com/section/economy-jobs/news/critical-trump-tweet-sends-shockwaves-to-germany/.

进入2018年后，欧洲接连遭遇"特朗普冲击波"：3月特朗普以"国家安全"为由对欧洲强征关税，5月美国不顾欧洲反对退出伊核协议，7月特朗普同普京在赫尔辛基举行会晤，还在北约（布鲁塞尔）峰会上指责欧洲盟国是"赖账者"（deadbeats）和美国权力的"搭便车者"——这被认为主要是针对德国的攻击。① 特朗普点名批评德国在北约防务投入上"欠债"太多，却花巨资购买俄罗斯能源而沦为后者的"俘虏"（captive）②，还要求欧洲国家必须立即按北约标准（GDP的2%）支付军费而非到2025年之前。除德国外，特朗普还攻击欧盟是美国的"敌人"（foe），甚至将其列为"头号地缘政治敌人"（a top geopolitical "foe"）。③ 尽管时任欧洲理事会主席唐纳德·图斯克（Donald Tusk）回应称"美国和欧盟是最好朋友，称我们为敌人是散布假新闻"，但马克龙和默克尔认为这是特朗普对欧洲发出了直

---

① Susan B. Glasser, "How Trump Made War on Angela Merkel And Europe", The New Yorker, December 19, 2018, https：//readersupportednews. org/opinion2/277 - 75/53988 - how-trump-made-war-on-angela-merkel-and-europe.

② "Trump Starts NATO Summit on Front Foot, Blasts Hypocritical Germany as 'Captive of Russians'", July 11, 2018, https：//www. breitbart. com/europe/2018/07/11/trump-starts-nato-summit-on-front-foot-blasts-hypocritical-germany-as-captive-of-russians/.

③ "Donald Trump's Tumultuous European Trip Smashed Conventions of U. S. Leaders on World Stage, Historians Say", CISN, July 18, 2018, https：//cisnfm. com/news/4338362/donald-trump-european-trip-smashed-conventions-of-u-s-leaders/.

第三章 安全"再平衡"

接威胁。时任美国国务卿迈克·蓬佩奥在一次演讲中,更是直接抨击了联合国、欧盟等多边机制,嘲弄欧洲有缺陷的多边主义愿景是"自取灭亡"(an end to itself)。①

"特朗普冲击波"的后续发展让欧洲感觉更加不安。2018年10月,在美国中期选举前的一次集会演讲中,特朗普不但表明其反对"全球主义"(globalist)的立场,还首次公开称自己为"民族主义者"(nationalist)。② 然而,欧洲曾经饱受无数次民族国家之间战争的洗礼,而且"民族主义"言论很容易让欧洲人联想到第二次世界大战时期的纳粹政权。因此,特朗普给自己贴上的"民族主义者"标签,在欧洲遭到了批评。2018年11月,法国总统马克龙含蓄地批评了特朗普的"美国优先"政策对全球主义和国际机制的损害,称民族主义(nationalism)是对爱国主义(patriotism)的背叛。③

在一段时期内,欧美关系的分歧较为明显,特朗普对

---

① "Trump Calls E. U. 'a Foe,' Claims 'Nothing Bad' to Come from Meeting Putin", CBS News, July 16, 2018, https://www.nbcnews.com/politics/donald-trump/trump-calls-e-u-foe-claims-nothing-bad-come-meeting-n891536.

② "Donald Trump Used a Word He's 'Not Supposed to' Here's Why", CNN Politics, October 23, 2018, https://edition.cnn.com/2018/10/23/politics/donald-trump-nationalism/index.html.

③ "Macron Slams Trump's Nationalism", POLITICAL WIRE, November 11, 2018, http://www.politicalwire.com/2018/11/11/macron-slams-trumps-nationalism/.

于盟友的要求则持续加码。2019年2月，默克尔在素有"防务领域的达沃斯"之称的慕尼黑安全会议上批评了美国的孤立主义，称国际秩序不应该被轻易打破。而时任美国副总统的迈克尔·彭斯（Michael Pence）则批评了欧洲国家在伊朗和委内瑞拉问题上采取的立场，这成为跨大西洋伙伴关系中的又一深刻裂痕。3月，特朗普提出的一项被称为"成本+50"（Cost Plus 50）的计划①，波及德国等盟国——后者不仅要全额支付美国驻军费用，还要额外缴纳50%的"会员费"，理由是这些盟国享受了美国驻军保护这一"特权"（privilege）。② 在欧美安全与防务关系领域，"特朗普冲击波"对欧洲盟友采取的"敲诈式"施

---

① 实际上，特朗普要求盟国为美国驻军买单的计划和行动酝酿已久，韩国就是被特朗普拿来先行试水的对象。2018年，美韩两国在美国在韩驻军费用分担问题上展开拉锯战谈判，当年10月双方快要达成协议时特朗普向时任美国国家安全顾问博尔顿提出"成本+50"方案。最终，美韩在2019年2月达成为期一年的协议，韩国将在未来一年向美方支付9亿多美元，同比增加8.2%。实际上，特朗普的这项计划对韩国并未完全成功推行；但特朗普认为通过这种"极限施压"的粗暴做法，可能促使盟国在增加军费投入方面加大力度。正如本章下面将要论述的，对北约欧洲盟友来说，特朗普的一系列施压举措产生了一定效果——近年来欧盟增加了防务投入，加快了防务一体化步伐。

② "Trump Seeks Huge Premium From Allies Hosting U. S. Troops", March 8, 2019, https：//www.bloomberg.com/news/articles/2019-03-08/trump-said-to-seek-huge-premium-from-allies-hosting-u-s-troops.

第三章 安全"再平衡"

压不断加码，令德国等欧洲国家越来越感到沮丧和不满，同时对加强欧洲的战略自主性的讨论和呼声则进一步发展。正如2019年的慕尼黑安全报告所指出的，"美国未来角色的日益不确定性引发了关于欧洲战略自主性的新的讨论"①。值得注意的是，尽管有观点认为这种自主性是指欧盟应该逃避美国甚至从美国控制中解放出来，但更多观点则认为战略自主性实际上意味着欧洲要承担责任。②

综上，"特朗普冲击波"的演变大致经历了三个阶段，即从竞选期间的"特朗普现象"到特朗普上台后强力推行"美国优先"原则的外交政策，进一步发展到后来特朗普提出的"民族主义"。特朗普治下的美国政府的单边主义倾向非常明显，它的发展和升级，令欧洲人对其负面情绪由厌恶、不满上升到愤怒和坚决反击。马克龙当选法国总统后曾一度试图迎合特朗普，但发现未能奏效后转而批评"特朗普式的民族主义"（Trump-style nationalism）。③ 美欧关系的裂痕因"特朗普冲击波"而大幅深化。

---

① "The Great Puzzle: Who Will Pick Up the Pieces?", *Munich Security Report 2019*, p. 14.

② Daniel Fiott, "Strategic Autonomy: Towards 'European Sovereignty' in Defence?" EUISS Issue Brief, No. 12, 2018.

③ Susan B. Glasser, "How Trump Made War on Angela Merkel And Europe", The New Yorker, 19 December 2018, https://reader-supportednews.org/opinion2/277 - 75/53988 - how-trump-made-war-on-angela-merkel-and-europe.

(二) 欧洲的回应：防务一体化

面对特朗普要求北约改革、批评盟友的言论，以及他对欧洲安全的"推脱"态度，让欧盟深刻认识到加快推进防务一体化、增强战略自主以及平衡欧美（防务与安全）关系的紧迫性。① 在这一负面因素造就的"机遇窗口"之下，欧洲共同防务合作这一"老问题"获得了"新动力"。②

1. 启动防务合作新机制

能力问题一直是欧盟共同防务建设的最大短板。在美国的安全战略调整的状况下，欧盟防务一体化开始取得突破性进展：2017 年 11 月，欧盟 23 国（除爱尔兰、葡萄牙、马耳他、丹麦和英国）签署合作文件，建立欧盟防务"永久结构性合作"（Permanent Structured Cooperation，PESCO）机制。时任欧盟外交和安全政策高级代表费德丽卡·莫盖里尼（Federica Mogherini）称之为"欧洲共同防务建设的一个历史性时刻"。

"永久结构性合作"机制的渊源和法律基础是 2009 年 12 月生效的《里斯本条约》，目的是推动有意愿的成员国在

---

① 张骥：《开放的独立外交——2017 年法国总统大选与马克龙政府的外交政策》，《欧洲研究》2017 年第 5 期。

② 张丽春、徐弃郁：《老问题、新动力与欧洲共同防务的"机遇窗口"》，《欧洲研究》2017 年第 6 期。

防务与安全领域开展更多合作。根据《里斯本条约》有关条款［《欧洲联盟条约》第42（6）条和第46条］，具备特定条件的成员国可通过建立永久结构性合作来加强在军事方面的合作。① 时任欧盟委员会主席容克（Jean-Claude Juncker）曾将"永久结构性合作"喻为"《里斯本条约》的睡美人"（Sleeping Beauty of the Lisbon Treaty）②，意指从2009年年底《里斯本条约》生效后的近十年间，欧盟防务合作虽已具备必要的法律基础，包括"永久结构性合作""相互援助"（mutual assistance）与"相互团结"（mutual solidarity）等条款，却一直步履维艰。其中一个重要原因，乃是在主权债务危机影响下，欧盟成员国纷纷忙于挽救自身经济、大幅削减防务预算，在防务合作方面缺乏必要的意愿和资金投入。

但特朗普的举动使美国保障欧洲安全的承诺出现不确定性，欧盟迫切认识到必须要加强自身防务能力建设。2017年7月，德国发布近10年来的首部国防白皮书，提出适时重启"欧洲防务共同体"构想，并提议"创建指挥欧盟军事行动的联合司令部""深化欧盟成员之间永久性防务合作"和建

---

① "Glossary of Summaries, Permanent Structured Cooperation," EUR-Lex, https：//eur-lex. europa. eu/summary/glossary/permanent_ structured_ cooperation. html.

② Niklas Nováky, "The EU's Permanent Structured Cooperation in Defence：Keeping Sleeping Beauty from Snoozing", *European View*, March 2018, p. 1.

立一支统一的"欧洲军队"。德法两个核心欧洲国家率先决定根据《里斯本条约》启动"永久结构性合作",并规划了大致方案。9月,欧盟外交和安全政策高级代表莫盖里尼提出"在部分成员国组建永久性军事机构代表欧盟采取军事行动,并负责欧盟战斗群和18国军队部署工作""在布鲁塞尔成立欧盟军事策划和行动总部"等具体计划,得到欧盟多国支持。至此,"永久结构性合作""苏醒"的时机日渐成熟。

2017年11月和12月,建立PESCO机制的欧盟23个成员国同爱尔兰和葡萄牙两国先后签署合作协议,至此欧盟有25个成员国(除丹麦、马耳他和英国外)加入了"永久结构性合作"成员行列。2018年3月,欧盟防长举行"具有历史意义"的首次"PESCO模式"的会议①,欧盟25个成员国敲定了首批17个防务合作项目;11月新增17个项目。目前,"永久结构性合作"机制下的合作项目总数达34个,涵盖军事培训、能力开发、陆海空战备、后勤保障、救灾和战略指挥以及网络防御等。② "永久结构

---

① 欧盟所有成员国防长都出席会议,但仅限于参加"永久结构性合作"协议的成员国部长有权表决。"EU Defence Ministers Hold 'Historic' First Meeting in PESCO Format", EURACTIV, March 7, 2018, https://www.euractiv.com/section/defence-and-security/news/eu-ministers-hold-historic-first-meeting-in-pesco-format/.

② Council of the EU, "Press Release, Defence Cooperation: Council Launches 17 New PESCO Projects", November 19, 2018, https://www.consilium.europa.eu/en/press/press-releases/2018/11/19/defence-cooperation-council-launches-17-new-pesco-projects/pdf.

性合作"协议兼具包容性和约束性,它包含一份参与国的"承诺清单",如"定期增加国防预算,在2024年前达到军费占GDP 2%的目标""将国防开支的20%和2%分别用于军备采购和技术研发"以及"为开展联合军事行动提供人员、物资、训练、演习、基础设施等支持"。

在"永久结构性合作"框架下,2018年6月,立陶宛宣布欧盟9国同意成立各国轮值负责的"网络快速反应小组",以应对网络攻击。同月,法、德、英等欧盟9国承诺将组建一支欧洲联合军事干预部队,可在北约不参与的情况下快速实施军事行动、撤离战区平民及提供灾后救援等。此前,2017年9月法国总统马克龙就发起"欧洲干预倡议"(European Intervention Initiative),提出在防务领域要确保欧洲的自主行动能力,以之作为对北约的补充。① 该倡议旨在联合包括英国在内的其他国家自愿新建一支在欧盟框架之外的欧洲军事力量及时应对各种安全威胁。② 长期以来,英国一直反对建立可能挑战北约的欧盟军事合作机制,但它同时也希望在"脱

---

① Emmanuel Macron, "Speech of Initiative For Europe", September 26, 2017, p. 4, https://www.diplomatie.gouv.fr/IMG/pdf/english_version_transcript_-_initiative_for_europe_-_speech_by_the_president_of_the_french_republic_cle8de628.pdf.

② 起初,马克龙的提议遭到质疑,法德两国之间的谈判持续了数月;2017年12月欧盟启动的"永久结构性合作"不包括决定"脱欧"的英国。

欧"后与欧洲国家维系双边以外的合作,因此很"积极"地参与组建欧洲联合军事干预部队。2018年11月,"欧洲干预倡议"成员国首次部长级会议确定了2018—2019年度军事合作主要方针,并接纳芬兰成为参加该倡议的第10个欧盟国家。

此外,为克服部队和装备在欧盟境内运输的障碍(如通过成员国间边界、法律管辖等因素),2017年9月欧盟国防部长会议期间,立陶宛、比利时、荷兰和卢森堡等国提议在"永久结构性合作"框架下建立"军事申根区"(Military Schengen Zone),以便在突发事件发生时可在欧盟范围内快速部署军队和物资。2018年3月,"永久结构性合作"成员国防长会议同意将就此问题进行协调;4月,欧盟委员会公布了有关行动计划,包括:(1)汇总欧盟及其成员国的军事需求;(2)评估泛欧洲的交通运输网络,确定适合军事运输的基础设施,规划新建或升级改造军民两用基建项目;(3)成员国之间简化或取消对军事行动的边检手续,加强在跨境军事行动中的协调配合。作为"永久结构性合作"框架的重要组成部分,"军事申根区"的建立将提高欧盟军事机动性,为欧盟实现2025年前建立全面防务联盟迈出了重要一步。

综上,欧盟正式启动"永久结构性合作"机制推进防务能力建设,有英国"脱欧"因素的影响,但回应特朗普对北约重要性的质疑和对欧洲的指责乃是欧盟防务合作的重要外部驱动力。如今，欧盟已经认识到它必须能够保护自己的安全利益。① 未来，欧盟有望通过执行"永久结构性合作"协议提升防务能力，弥补同美国的能力差距，在一定程度上改善严重依赖于美国和北约的局面。欧盟防务一体化是实现欧美防务"再平衡"的必然选择。

2. 增加军费投入

近年来，欧盟逐步增加防务预算和军费投入，也与"特朗普冲击波"的"推动"密切相关。

在特朗普上台之前，受欧洲主权债务危机的影响，对外关系以及共同外交、安全与防务政策在欧盟政治议程上并不突出。在欧盟领导人及其成员国疲于应对债务危机的情况下，它们无暇顾及共同安全与防务政策（CSDP）的发展，甚至有很多成员国不得不削减防务开支和预算，使得欧盟层面上CSDP的建设步履维艰。据欧洲防务局（EDA）的有关数据，自2006年以来欧盟总体的防务开支一直呈下滑趋势。② 欧洲债务危机爆发后，军费下降的情况更加严重。

---

① EEAS, "Towards a Stronger EU on Security and Defence", November 11, 2018, https://eeas.europa.eu/headquarters/headquarters-homepage/35285/eu-strengthens-cooperation-security-and-defence_en.

② 有关2006—2013年欧洲国防支出的具体数据情况，可参见欧洲防务局（EDA）网站，http://www.eda.europa.eu/info-hub/defence-data-portal。

例如，2008—2010年欧盟防务局（EDA）26个成员国①的总体防务开支下降了近4%：2008年为2014亿欧元，到2009年下降为1940亿欧元，降幅为3%；到2010年，军费投入比2009年还要低，降至1935亿欧元，降幅为0.2%。据2013年7月欧洲防务局发表的国防数据汇总报告，2011年26个成员国的国防支出仅占其GDP总和的约1.55%，仅为1925亿欧元（其中，与人员相关的开支占国防开支总额的51.5%，操作与维护费用占23.5%，国防投资仅占19.2%——装备采购资金占15.2%，研发经费为4%）。②总体而言，2006—2011年，欧盟国防开支减少了210亿欧元，降幅约为10%；而2011—2012年降幅更是达到接近3%。③ 2012年，欧盟26国的国防支出占它们GDP总和的1.5%，这远低于北约确定的2%的标准。单从英、法、德三国来看，根据瑞典斯德哥尔摩国际和平研究所（SIPRI）的数据，后冷战时期德国的军费开支持续减少，降幅大于英法两国。从国防支出占国内生产总值（GDP）的比例

---

① 丹麦是欧盟中唯一没有参加欧洲防务局的成员国，而克罗地亚在2013年7月才加入欧盟和欧洲防务局。两国都是北约成员。

② The European Defence Agency (EDA), "Defence Data 2011", July 22, 2013, http：//www.eda.europa.eu/info-hub/news/2013/07/22/defence-data-2011.

③ The European Defence Agency (EDA), "Defence Data 2012", December 10, 2013, http：//www.eda.europa.eu/info-hub/news/article/2013/12/10/defence-data-2012.

看，德国也落后于英、法两国。① 当然，欧盟各成员国的防务开支还是存在增减差异的：大部分国家削减了防务开支，但也有一些国家如瑞典和波兰的军费投入有所增长。在债务危机的影响下，成员国军费增减的问题实际上缺乏在欧盟框架内的协调，结果导致成员国几乎各行其是而自行设定防务开支标准，这有碍于欧盟军事融合的进程。

成员国对能力发展的贡献是确保北约未来作用的重要保障。只有盟国坚持防务开支的最低限并将军费投入重点集中在主要能力建设上，才可能做到这一点。按照北约规定，为平等分担角色、风险和责任，成员国应该遵循两项原则：一是防务开支应维持至少占本国GDP 2%的标准；二是至少20%的防务开支要用于主要装备方面。但在金融危机和欧债危机影响下，欧盟大多数国家的军费投入都没有实现这两项目标。根据北约秘书长的2013年度报告，在过去五年里美国已经削减了防务开支，而欧洲盟国在防务投入上的减少更多。在2007年，有五个北约成员国的防务投入达到了占本国GDP 2%的标准，而到2013年时却只有三个国家。同时，在主要装备的开支上，很多盟国远

---

① 参见Stockholm International Peace Research Institute（SIPRI），"The SIPRI Military Expenditure Database"，http：//milexdata. sipri. org/result. php4。需要说明的是，根据SIPRI的数据，2012年英、法、德三国的军费开支分别占各自GDP的2.5%、2.3%和1.4%，这与世界银行公布的数据存在差异。

未达到占其防务投入资金20%的标准。① 因此，北约领导人将继续向欧洲成员国施压以让后者增加防务投入，尤其是在乌克兰危机仍未解决的背景下；这一点，也将成为2014年9月北约威尔士峰会的一个重要议题。② 美国时任国防部长哈格尔曾呼吁欧洲要增加防务资金，并要求各国财长参加北约会议。③ 在这种情况下，欧盟中的北约成员国确实需要做出回应或采取措施。

但实际上，欧洲国家对于增强自身军事能力的意愿并不特别强烈。2008年国际金融危机爆发后不久，欧洲很快陷入主权债务危机，因此恢复经济增长、削减财政开支、实现财政平衡成为欧洲国家的主要目标，而国防开支成为各国重点削减的项目之一。债务危机爆发后，欧洲国家总共削减了450亿美元（约合2781亿元人民币）的军费开支，相当于德国的全部军费预算。北约成员国中，只有美国、英国及希

---

① "Secretary General's Annual Report 2013", January 27, 2014, http：//www.nato.int/cps/en/natolive/opinions_106247.htm.

② Marina Malenic, "US Hopes Ukraine Crisis Will Be Military Spending 'Wakeup Call' for Europe, IHS Jane's Defence Weekly, May 1, 2014, http：//www.janes.com/article/37329/us-hopes-ukraine-crisis-will-be-military-spending-wakeup-call-for-europe.

③ Daniel Wasserbly, "Hagel Calls for More European Defence Funding, Asks Finance Ministers to Join NATO Meetings", IHS Jane's Defence Weekly, May 1, 2014 http：//www.janes.com/article/37350/hagel-calls-for-more-european-defence-funding-asks-finance-ministers-to-join-nato-meetings.

腊等少数国家的国防开支达到了北约标准。英法两国——也是欧洲两大军事强国则都进一步削减国防开支。相比之下，美国多年来为北约提供了约3/4的军费开支。欧美在防务开支上的严重失衡状况，令美国人非常失望和不满。利比亚战争结束后，2011年10月时任美国国防部长帕内塔（Leon E. Panetta）在布鲁塞尔的一次演讲中指出，利比亚模式应当成为一个更平等的大西洋责任共担安排的模板。他还强调由于美国预算紧张，现有水平的美国负担是不可持续的。①

特朗普上台后，2018年7月北约（布鲁塞尔）峰会的主要议题就是成员国防务开支，当年欧盟仅有3个成员国（英国、希腊和爱沙尼亚）的军费支出达到北约标准。特朗普抱怨欧洲未履行对北约出资的义务，要求后者增加军事投入尽快达到北约标准，甚至威胁将终止美国的"无偿保护"。特朗普关于北约欧洲盟友的言辞和风格对欧洲刺激很大。特朗普在竞选期间质疑美国是否应该继续保护盟友；2017年5月，特朗普再次指责北约大多数成员国的军费投入不足。② 特朗普认为，北约实际上是用美国的军队与防务开支为欧洲盟国提供保护并维持该地区的和

---

① US Department of Defense, "Carnegie Europe (NATO)", Speech by Secretary of Defense Leon E. Panetta, Brussels, October 5, 2011.

② World Bank, "Military Expenditure (% of GDP)," http://data.worldbank.org/indicator/MS.MIL.XPND.GD.ZS/countries/EU-DE? display = graph.

平，这一义务是在美国经济繁荣时期确定的，而在目前经济衰退的背景下已成为美国脱困的障碍之一，因此需要改革北约，重新分配成员国应承担的防务开支份额。

面对特朗普的压力和英国"脱欧"的冲击①，欧盟加大了防务投入力度②：2016年9月，欧盟委员会主席容克宣布建立"欧洲防务基金"（EDF），帮助成员国以更快、更加联合并以更经济有效的方式发展和获得主要的战略防御能力。布鲁塞尔认为，欧盟内部的防务合作不佳是一个主要问题，例如成员国由于"重复性浪费"每年损失1000亿欧元，而如果它们共同采购军备将节省约30%的军费支出。为此，欧洲防务基金将投入5亿欧元（约5.63亿美元），用于2019年和2020年购买和开发军事装备，如资助无人机和机器人等高科技项目研发。此外，2020年前欧盟委员会将为欧洲防务基金拨付5.9亿欧元，并建议自2020年起每年拨付至少15亿欧元。不过，该基金并非要取代成员国的防务投资，而是要推动和加速欧盟在防务

---

① "Spurred by Trump and Brexit, EU Plans Five-Billion-Euro Defence Fund," December 1, 2016, http：//clubofmozambique.com/news/spurred-trump-brexit-eu-plans-five-billion-euro-defence-fund/.

② "EU Launches New Multibillion-Euro Defense Fund Amid Trump Pressure, Brexit", RT, June 7, 2017, https：//www.rt.com/news/391282-eu-defense-fund-trump-brexit/.

领域的合作。① 欧洲防务基金的设立将为欧洲国家在"永久结构性合作"框架下的联合研发、生产与采购装备、加强网络安全及提升陆海空作战能力等提供稳定的资金保障。

面对特朗普关于欧洲国家"欠费""赖账"等批评，法德等国也都积极行动起来，采取了一系列加强防务能力建设、缓解同美国日益紧张关系的举措。2018年1月，马克龙宣布将逐步增加国防预算，在2025年达到北约规定的占GDP 2%的标准。2月，法国公布一项新的军事计划法案，2019—2025年逐步提高军费开支，总额将达2950亿欧元。其中，2018年法国军费预算将达到342亿欧元，并以年均17亿欧元的增速持续到2022年，2023年至2025年的增速将提高到每年30亿欧元，用于补充军队空缺职位、升级武器装备等。② 2018年3月，德国表示希望承接北约筹建中的联合支援与赋能司令部（主要负责后勤保障）落户乌尔姆，并已获得北约盟友支持。4月，默克尔赴美同特朗普举行会晤，议题涉及美欧贸易摩擦和伊核协

---

① "Defending Europe：European Defence Fund - Factsheet", EEAS, March 5, 2018, https：//eeas. europa. eu/headquarters/headquarters-homepage/35203/defending-europe-european-defence-fund-factsheet_ en.

② 据2018年5月2日瑞典斯德哥尔摩国际和平研究所（SIPRI）发布的报告，2017年法国军费开支为578亿美元，占其GDP的2.3%，排名为世界第六。

议等。特朗普借机再次要求德国提高军费开支，默克尔表示2019年德国军费投入将增至GDP的1.3%，到2025年增加GDP的2%。

三 欧美安全关系"再平衡"的障碍

从战略和长远角度看，美国不会完全撤离欧洲、真正抛弃欧洲盟友。就欧洲而言，启动"永久结构性合作"机制、增加防务开支等对于欧盟发展独立防务能力、建立全面防务联盟和提升战略自主性等实际作用尚需实践检验。总体上，欧盟尚无能力也没有意愿取代美国在北约内的领导地位。在北约框架下的欧美防务"再平衡"仍将是一个任重而道远的长期过程。

（一）美国的态度

长期以来，美国对欧盟防务一体化发展的程度十分警惕。在冷战时期，北约成为美国控制欧洲、抗衡苏联的工具。冷战结束后，美国仍将欧盟安全与防务问题纳入北约框架，以限制欧盟发展独立防务能力。例如，前美国国务卿奥尔布赖特曾提出三"不"政策（3D-Policy）：（1）不脱离（De-linking），欧洲安全不能脱离北大西洋联盟的安全；（2）不重复（Duplication），欧盟防务建设不能与北约能力建设重复；（3）不歧视（Discrimination），欧盟对北约中的非欧盟成员国不能歧视。① 后来,北约前秘书长罗伯逊提出了三"I"说法:(1)改善欧洲的防务能力(Improvements);(2)容纳北约中的所有非欧盟成员国(Inclusiveness);(3)不割断大西洋联系的纽带(Indivisibility)。② 实质上这与此前的三"D"政策并无根本区别。

近年来,欧盟公开表达了对"战略自主"(Strategic Autonomy)的期待。这一点,在2016年6月出台的《欧盟外交与安全政策全球战略》(EUGS)中已有表述。2018年9月,容克的"盟情咨文"演讲,更直接以"欧洲主权时刻"(The Hour of European Sovereignty)为题。③ 容克认为,在美国权力撤离世界舞台的特朗普时代,欧洲需要展示更多领导力,建立一个"全球"的欧洲(global Europe);"地缘政治形势决定了欧洲时代的到来","欧洲应该掌握自己的命运"④。11月法国总统马克龙提议组建一

---

① "Secretary of State Madeleine K. Albright, State of the North Atlantic Council", Brussels, December 8, 1998, http://secretary.state.gov/www/statements/1998/981208.html.

② "Opening Statement by NATO Secretary General, Lord Robertson", NATO Speech, December 15, 1999. 转引自朱立群《大西洋联盟关系的发展与走势》,《现代国际关系》2001年第11期。

③ Jean-Claude Juncker, "State of the Union 2018: The Hour of European Sovereignty", September 12, 2018, https://ec.europa.eu/commission/sites/beta-political/files/soteu2018-speech_en_0.pdf.

④ "Juncker Calls for 'Global' Europe", Euobserver, September 12, 2018, https://euobserver.com/political/142810.

支"欧洲军队",获得德国总理默克尔的原则性支持。此前,马克龙在2017年提出了"欧洲干涉倡议"。对于欧洲明确向外界发出的"寻求更多独立自主"的信号,美国人当然不会置若罔闻。[1] 美国驻欧盟大使戈登·桑德兰(Gordon Sondland)表态希望欧盟能更清晰地表述其发展自主性防务意愿立场,在组建防务力量时应与北约互为补充而非取代北约,破坏北约的稳固性。[2] 欧盟外交和安全政策高级代表莫盖里尼不得不站出来回应美国的质疑,称欧盟是一个政治联盟而非军事联盟,不会建立"欧洲军队"。欧洲人的雄心壮志被迫在美国压力面前低头,其纠结与无奈可见一斑。

纵观欧洲一体化的历程,美国的态度始终是不可忽视的外部影响因素。一方面,美国在防务开支、军事能力等方面指责欧洲国家,希望欧盟提升防务能力、帮助美国分担责任;另一方面,美国又对欧盟防务一体化充满疑虑,担心欧盟在北约外发展独立防务会影响其在北约的领导地位和对欧洲安全事务的主导权。近年来,"特朗普冲击波"

---

[1] 对马克龙"欧洲干涉倡议"的质疑,参见 Alice Pannier, "Macron's "European Intervention Initiative": More Questions than Answers", November 23, 2017, https://www.europeanleadershipnetwork.org/commentary/macrons-european-intervention-initiative-more-questions-than-answers/。

[2] 方晓志:《欧盟自主防务与北约"撞车"》,《中国国防报》2018年11月28日。

在一定程度上促使欧洲加快了防务一体化步伐，但欧盟在提升防务能力、增强战略自主性的同时，强调其目的并非取代北约，以消除美国疑虑。总体来看，欧美安全关系中"美重欧轻"的状态很难改变。

（二）欧盟内部的分歧

欧洲防务自主与一体化依然处于震荡反复与踌躇不前的状态[①]，这其中的主要原因是欧盟内部存在很多难以弥合的分歧。2009—2017年，欧盟在防务领域的"永久结构性合作"机制处于"沉睡"状态，就与英、法、德等国之间的分歧密切相关。毕竟，防务合作乃是欧洲一体化中的敏感议题，加之经济危机的冲击，欧盟各国都不愿轻易做出让步。英国对所有进一步强化"制度性"合作的倡议都高度警惕，认为"永久结构性合作"机制应严格限于防务力量的"发展"、绝不能触及"拥有"和"使用"问题。法德两国也各有盘算：法国曾呼吁建立欧盟海外行动基金，让各国为"欧洲代表"——法国在马里和中非等非洲国家的海外军事干预行动买单；德国则表示不会资助柏林没有参与决策的海外行动。

在欧洲一体化进程中，成员国常常要让渡一定的主权。但安全与防务议题涉及主权的核心内容，成员国的合作意

[①] 祁昊天：《威胁迷思、美国角色与能力矛盾——欧洲防务行动层面的供给与需求》，《欧洲研究》2018年第6期。

愿和力度是决定欧盟防务一体化发展快慢、成就多寡的重要内因。由于欧盟与北约拥有很多共同的成员国，在安全与防务领域的能力建设问题上，争夺人力、物力和财力等资源的现象不可避免。对欧洲国家来说，在欧盟或（和）北约防务开支、安全责任分担等问题上，究竟应该平等对待还是偏重一方，在无形中考验着它们对两个联盟和美国的"忠诚度"。在这方面，波兰对美国和北约的"逢迎"可作为例证。2018年5月，波兰表示愿为在其境内部署美军常驻基地支付20亿美元；9月，波兰总统杜达访美期间提议将该基地命名为"特朗普堡"。由此可见，波兰通过这些举动是为了同特朗普领导的美国建立更加紧密的联系。

对美国在欧洲的军事存在，法德等西欧国家与波兰、立陶宛、罗马尼亚等中东欧国家持不同态度：法德等国希望通过加强欧盟的共同安全与防务政策，协调欧洲国家的防务建设，力争与美国建立一种平等的军事安全关系，持这种观点最典型的国家就是法国；中东欧国家则不看好欧盟的军事实力和行动能力，希望依赖美国和北约，热盼美国更长久、更稳定地为其领土提供保护，以抵御来自俄罗斯的可能威胁。在国际安全事务中，中东欧国家也与美国走得更近。2003年，它们同法、德在伊拉克战争中的不同立场，就清晰地证明了这一点，也引来时任美国防长拉姆斯菲尔德关于"老欧洲"和"新欧洲"的著名论断。在奥巴马政府提出"再平衡"的要求后，西欧与中东欧国家的表现也有差异：中东欧国家普遍担心可能失去美国和北约的军事"保护伞"，而法国和一些西欧国家则表现得比较自信，法国对利比亚战争模式表示满意，而且认为即使美国掌握北约的主导权，但在美国不愿再"单边"行动的情况下，法国可通过这一机制实现自己的目标和国家利益。①

但近年来，中东欧很多国家由于乌克兰局势恶化特别是克里米亚被俄罗斯"吞并"事件而陷入"兔死狐悲"的情绪之中。对于欧盟安全与防务政策和法德等欧盟大国军事实力，以波兰为代表的东欧国家显然并不信任，对于法德等国与俄罗斯关系的冷热反复也抱有疑虑。因此，在特朗普频频指责北约盟友贡献不足、德国军费投入低下的情况下，以波兰为代表的东欧国家不仅大幅增加军费开支②，还承诺将支付美军基地建设费用等，这一系列"积极"讨好特朗普的举措实际上是为了竭力拉住美国为东欧国家提供安全保障。如此一来，很难想象波兰等中东欧国家在法德等国推动欧盟防务一体化上会做到"同心同德"或"群策群力"。

在近年来"特朗普冲击波"的影响下，欧盟以及法德

---

① 参见赵晨、赵纪周《美欧防务"再平衡"评析》，《国际政治研究》2015年第2期。

② 2017年4月，波兰国防部公布了一项计划，到2030年将国防开支占GDP的比例从目前的2%稳步提高到2.5%。参见Radio Poland, "Poland to Increase Defence Spending", April 25, 2017, http://www.thenews.pl/1/9/Artykul/304138, Poland-to-increase-defence-spending。

等国的领导人多次呼吁团结一致。有观点认为，特朗普的"反欧盟言论"（anti-EU rhetoric）实际上可以帮助欧洲，比如加强政治团结。① 但现实却未必如此——在安全与防务政策领域，欧盟各国在深化合作、打造欧盟"硬实力"问题上仍缺乏足够的共同意愿。上面所提到的波兰，就可以证明这一点。而且对于欧盟来说，通过防务一体化建设和拥有更强大的防务能力是一回事，但如何运用防务能力和军事手段使用则是另一回事。这不但取决于北约框架内欧盟与美国之间在军事能力方面如何通过"整合—分享"（pooling and sharing）以实现双方能力的互补，也需要看欧盟内部是否在政治上有足够的合作意愿。例如，法德这两个核心欧洲国家尚对欧洲防务合作存在矛盾分歧。尽管法德被称为欧洲防务合作的"发动机"，而且从目前来看两国在欧盟防务一体化上的立场和态度都比较积极，但如果欧洲防务力量体系建成后由其中一方所主导或操控，必将导致另一方的不满。

欧盟内部对特朗普政府的态度就有不小的差异。2019年10月，美国总统特朗普突然宣布将从叙利亚北部撤军，允许土耳其"接管"该地区以采取进一步的长期行动。随后，土耳其以反恐为名迅速对叙利亚库尔德武装主导的"叙利亚民

---

① Charles Riley, "Trump's Anti-EU Rhetoric Could Actually Help Europe", February 23, 2017, https：//money.cnn.com/2017/02/23/news/economy/europe-eu-trump/.

主军"阵地发动打击。这件事触怒了法国总统马克龙。在接受英国《经济学人》杂志专访时,马克龙表示,鉴于美国近年来背弃盟友的一系列举动,北约正在经历"脑死亡"。然而,波兰总理马泰乌什·莫拉维茨基(Mateusz Morawiecki)不但批评法国等北约成员没有履行义务,还指责欧盟"有的国家"在"北溪2号"天然气管道建设问题上支持俄罗斯。尤其令人关注的是,除德国外长海科·马斯(Heiko Maas)公开警告法国"不要破坏北约的团结"外,总理默克尔也力挺北约——她认为,北约虽然存在一些问题,但仍"不可或缺",马克龙的言论空泛且措辞"过于激烈",不符合她所了解的北约内部状况;保留北约符合德国利益。这些言论,彰显了德法两国作为欧洲一体化"引擎"在战略文化、安全观、联盟理念以及自身定位等方面的重大分歧。①

(三)欧洲自身防务能力存在缺陷

事实证明,欧洲共同安全与防务政策的发展是一个艰难过程,欧洲防务能力在短期内很难出现突破性提升。在近年来的军事行动中,欧洲国家防务力量的不足一再暴露:在叙利亚战争中,英法等欧洲国家由于缺乏单独实施密集空中打击任务的能力,在很多时候不得不跟随美国采取一些空袭行动——2018年4月,英法两国在美国领导下

---

① 参见赵纪周《北约,找不到北了》,《世界知识》2020年第1期。

空袭叙利亚境内军事目标的行动就是其中一例。①

而此前，在2011年的利比亚战争中欧洲军事力量的不足也十分明显，并让美国感到失望和不满。在实施亚太"再平衡"战略的背景下，尽管美国有足够的军事实力独立承担在利比亚的军事任务，但还是希望"抽身在外"，而让欧洲国家在其邻近地区扮演主要的安全角色。因此，利比亚战争开创了美国"幕后领导"（lead from behind）的新模式。在利比亚战争期间，法国战机发动了第一波攻击，美军主要担负战役开始阶段的压制与摧毁敌方防空系统的任务，以及之后的作战支援任务。美军战机飞行架次占盟国出动战机架次的25%，但承担了80%的空中加油和战场情报搜集及监视侦察任务。其余的加油与情报搜集任务，以及一半以上的打击任务则由英法两国的战机承担。② 此外，2013年在应对马里危机问题上，北约时任副秘书长亚历山大·弗什博（Alexander Vershbow）对欧洲直言，"美国和北约不可能无处不在"（The US and NATO cannot be everywhere）。③ 北约时任秘书长拉斯穆森也曾多

---

① 参见赵晨、赵纪周、黄萌萌《叙利亚内战与欧洲》，中国社会科学出版社2018年版。

② 李晨：《利比亚战争中美国与欧洲军事力量的运用》，《国际政治研究》2014年第1期。

③ Tobias Bunde, "Outlook to the 49th Munich Security Conference," https://www.securityconference.de/en/activities/msc-kick-off/outlook-to-the-49th-munich-security-conference/.

次表示，欧洲必须意识到只有"软实力"就等于真正没有实力，没有"硬实力"来支撑外交，欧洲将缺乏可靠性与影响力；但欧洲缺少运输机、空中加油机以及情报搜集和监控能力。① 为此，拉斯穆森要求欧盟国家购买更多的无人机、空中加油机和舰载雷达。②

近年来，欧盟除设立"欧洲防务基金"，并启动"永久结构性合作"机制外，还出台了"安全与防卫实施计划"（Implementation Plan on Security and Defence，IPSD）和"年度防务评估协调"（Coordinated Annual Review on Defence，CARD）等措施，但欧盟防务能力的发展依然面临很多挑战。例如，各成员国仍然在很大程度上基于本国需要为自身防务制订计划并投资，而且它们在能力发展的优先项上仍各有不同。防务产业对能力建设十分重要，但欧洲防务市场本质上仍是分散的，成员国拥有规模不同的国防工业基础。③

首先，欧洲军工产业发展的分散现状，不利于防务能

---

① Andrew Rettman, "Nato Chief: EU Soft Power Is 'No Power at All'", *Euobserver*, May 5, 2013, http://euobserver.com/defence/120046.

② Andrew Rettman, "Nato Wants EU Countries to Buy More Drones", *Euobserver*, September 19, 2013, http://euobserver.com/defence/121506.

③ Daniel Fiott, "EU Defence Capability Development: Plans, Priorities, Projects", EUISS, Issue Brief, June 2018, pp. 1-2.

力的快速提升。在世界主要军工企业中,欧洲的军工巨头在数量和体量上都占有一定的重要地位,如欧洲航空防务与航天公司(EADS)、欧洲导弹集团(MBDA)和BAE系统公司等。不过,与波音、洛克—马丁等美国军工巨头相比,欧洲的军工企业规模相对较小也比较分散。因此,欧洲某些军工产品的研发通常由多个国家共同承担、分工进行,而且往往耗资巨大、历时较长。例如:(1)在欧洲无人机研发方面。2003年,法国与瑞典、意大利、西班牙、希腊和瑞士等国启动"未来欧洲空战系统"研究计划——"神经元"无人作战飞机项目,但直到2012年12月,"神经元"验证机试飞才首获成功。(2)在卫星通信、情报搜集和预警方面,欧盟1999年公布并于2002年正式启动"伽利略卫星导航系统"计划,意在摆脱欧洲对美国全球定位系统(GPS)的依赖,打破美国在全球卫星通信服务领域的垄断。但由于成员国在资金上的分歧,原定于2008年投入运营的"伽利略"计划陷入资金短缺困境,项目一再拖延。[①] 在之后的十多年来,"伽利略"计划在欧盟内部持续争论的情况下缓慢进行,直到2011年10月21日,欧洲"伽利略"全球卫星导航系统的首批两颗卫星才成功发射升空。2014年年初,欧盟委员会宣布"伽利略"系统将在年底开始提供服务。但直到2016年12月,欧盟已经发射

---

① 参见赵晨、赵纪周《美欧防务"再平衡"评析》,《国际政治研究》2015年第2期。

18颗工作卫星后,"伽利略"系统才具备了早期操作能力（EOC）。"伽利略"系统计划设置30颗卫星（24颗工作卫星,6颗备份卫星）,但迄今仍未完整组网。(3)在空中运输方面。无论在20世纪90年代末的科索沃战争还是2011年的利比亚战争中,欧洲防务能力的一大缺憾是战略和物资远程运输及兵力投送能力的不足。因此,欧洲迫切需要发展具有多用途军事运输能力的大型飞机。2003年,在比利时、法国、德国、卢森堡、西班牙、土耳其和英国等7个北约成员国的协作支持下,欧洲空客公司启动了A400M军用运输机的研发项目。该款飞机的载重量为37吨,可以运输装甲车或直升机并能够在复杂地形条件下降落。作为一种可执行多种用途任务的军用运输机,A400M在具体战术行动、战略或物资运输及空中加油方面都将发挥重要作用。2009年12月,A400M飞机首次完成了试飞,2011年投入批量生产,最终在2013年9月向法国交付了首架飞机。

为整合和提升欧盟的军事与防务能力,2010年欧盟提出了"整合与共享"（pooling and sharing）倡议。2013年10月,欧盟外交和安全政策时任高级代表兼欧洲防务局（EDA）负责人凯瑟琳·阿什顿（Catherine Ashton）发布了关于欧洲安全与防务政策的最终报告,内容之一就是要加强共同安全与防务政策（CSDP）、通过系统和长期的防务合作以提高欧盟的军事能力,特别是在空中加油、卫星通信、遥控飞机系统（RPAS）和网络防御等领域,提出成员国应该加强合作，落实"整合—分享"倡议。同年11月，欧盟各国国防部长在欧洲防务局指导委员会上达成协议，在空中加油、遥控飞机系统（RPAS）、卫星通信和网络安全等关键领域设立项目并制定路线图。因此，欧盟国家之间合作的目标是集中各国的防务资源，发展和提升欧洲的防务能力，避免重复建设中防务资金浪费问题。这种合作可以协调各国的安全需求，并在带动本国军工企业发展的同时促进就业。在某种程度上来说，欧盟的防务合作也可以说是在回应来自美国的要求或压力，从长远来看将有利于促进北约内部美欧之间防务能力的某种平衡。

但欧洲发展军工需要从三个层面做好协调，即国家、欧盟和北约。这三个层面之间又有交叉，比如欧盟成员国既在欧盟内统一立场，又在北约中与美国和其他欧洲国家商谈。尽管北约和欧盟的协调程度较高，但安全和防务属于"高政治"范畴，国家仍是根本掌控者。每次面临欧洲境外的安全危机时，往往是美国与一些欧洲国家组成的"志愿联盟"实质投入军事行动中，北约和欧盟只是分别为其行动提供军事和民事上的合法性以及一些组织机制支持而已。美国的欧美"再平衡"战略，也有很矛盾的心理：一方面，美国希望欧盟加强整合力度，提高整体防务能力；另一方面，又担心"养虎成患"，担心欧盟发展成单独的安全实体，不听从它的指挥和意旨。对欧盟成员国，美国既鼓励它们，同美国站在一起，与之在北约框架内合作，还想力促其改变和平主义思维，注重增加军备投入，特别是对德国这样的国家。德国民众厌恶使用武力，对建立以法德伙伴关系为基础的欧洲共同防务的努力都不乐意支持，对配合美国的军事行动就更没有热情。根据2018年9月芬兰国际事务研究所（FIIA）发布的一份题为《德国与欧洲防务合作——后大西洋时代的转折点?》(*Germany and European Defence Cooperation: A post-Atlantic Turn?*) 的研究报告，德国政府和民众对加强欧洲防务合作的态度不一。目前，德国政府已采取多种举措加强欧洲防务合作，但国内民众支持率并不高。很多德国民众认为，德国面临的安全威胁并不大，叙利亚和伊拉克战火距离太远，不会对德国甚至欧洲构成太大危险，因此德国没必要承担过多国际义务。①

针对欧洲军工发展的现状与困境，2016年6月出台的《欧盟外交与安全政策全球战略》（EUGS）指出，欧盟必须发展全方位的行动能力作为其外交与安全政策综合手段的重要组成部分，必须"系统地鼓励防务合作并努力发展可靠的欧洲防务产业"②。但成员国更多关注的还是本国军

---

① Niklas Helwig, "Germany and European Defence Cooperation: A Post-Atlantic Turn?", *FIIA Briefing Paper* 245, June 9, 2018, https://storage.googleapis.com/upi-live/2018/09/bp245_germany_and_european_defence_cooperation2.pdf.

② EEAS, "Shared Vision, Common Action- A Stronger Europe: A Global Strategy for the European Union's Foreign And Security Policy", http://europa.eu/globalstrategy/sites/globalstrategy/files/eugs_review_web.pdf.

工产业发展和防务能力提升。2018年6月,时任法国国防部长弗洛朗斯·帕尔丽(Florence Parly)表示,应在军工领域建立欧洲规则体系,不过法国可能更多关注自身防务能力与军事技术的发展。9月,帕尔丽表示,面对可能发生的"太空博弈",法国未来的挑战将主要来自太空监控方面,应加强其卫星监控手段与能力。因此,欧盟25国参与了"永久结构性合作"协议,却仍可能选择以"单干"方式提升自身军事能力,导致防务一体化的"重复建设"和浪费等现象难以杜绝。

总之,近年来欧洲国家在军事装备(如无人机、空中加油)和相关训练(多国联合空运)等重要方面奋起直追,已经取得一定成就。它们的这些努力一方面是应美国的要求为配合北约相关的干涉性行动或危机和冲突管理而提升自身防务能力;另一方面也是它们自觉应对新军事技术革命挑战、为将来开展独立行动而做准备,这些新装备和技术也有与美国竞争的一面。不过,欧洲国家与美国的军事实力从整体上还相差甚远,上述新技术离完全成熟还需要一段时间,而且都没有经过实战检验。

此外,欧洲国家现有军事设施严重老化,军备能力提升还需要经历时间与实践的双重检验。近年来,英国皇家海军舰队的潜艇因维修或维护等原因难以执行任务;德国的基础军备供给不足,战斗机缺乏夜间作战能力。据德国国防部的《2017年德国联邦国防军主要武器系统的作战准备情况报告》

显示，德国224辆"豹2"坦克中可投入使用的数量不到半数，适航的海军护卫舰也是如此。2017年2月，德国国防部宣布将加大扩军规模，使现役军人总数到2024年达19.8万人，但这仅比现役军人数目（约17.8万人）新增2万人。9月，德国国防部公布一项改善联邦国防军装备的计划，目标是到2031年实现军队的全面现代化和数字化。①

德国在"后默克尔时代"的安全与防务政策已初露端倪。2018年12月，被称为"小默克尔"的安妮格雷特·克兰普－卡伦鲍尔（Annegret Kramp-Karrenbauer）担任德国国防部长后，积极回应法国总统马克龙提出的欧洲改革建议，表示"下一步也许可以展开欧洲航空母舰这项象征性计划"，凸显欧盟在全球安全的角色，而默克尔已表示支持卡伦鲍尔关于欧盟共同研发"欧洲航空母舰"的构想。② 不过，目前尚不明确"欧洲航空母舰"将是属于联合运营还是共同建造，有哪些参与国家也不得而知。在欧美安全关系有所疏离之际，德国提出建造"欧洲航空母舰"的大胆设想有利于提高德国和欧盟的国际声望，而且

---

① Niklas Helwig, "Germany and European Defence Cooperation: A Post-Atlantic Turn?", *FIIA Briefing Paper* 245, June 9, 2018, https://storage.googleapis.com/upi-live/2018/09/bp245_germany_and_european_defence_cooperation2.pdf.

② "Germany's Merkel Welcomes Idea of European Aircraft Carrier", USweekly, March 11, 2019, http://usweekly.com/news/156/28425/Germanys-Merkel-welcomes-idea-of-European-aircraft-carrier.html.

该设想实现后将使得欧盟获得展示独立防务力量的强大手段。但无论是造价还是运维所谓"欧洲联合航母"的成本都将十分巨大,单靠德法两国未必能够如愿建造完成,而其他欧盟成员国则未必愿意加入德国的这一计划并为此分担费用。即使在德国国内,对"欧洲航空母舰"的设想也有不同声音。例如,德国执政党之一的社民党(SPD)批评默克尔称,德国应该支持和平与裁军倡议、多关心民生问题而不是炫耀武力。

事实上,英国"脱欧"后,欧盟只有属于法国海军的唯一一艘核动力航母"戴高乐"号(Charles-de-Gaulle)。在过去近十年时间里,"戴高乐"号航空母舰在利比亚战争、叙利亚战争以及打击"伊斯兰国"恐怖势力等行动中都发挥了重要作用,但也被迫数次撤回母港——土伦港进行升级维护;预计该舰将于2040年退役,这使得法国迫切需要建造新的航空母舰。2018年10月,法国政府启动了建造新航母的计划,计划新建一艘航空母舰,以替代"戴高乐"号。为此,法国已开始了该计划的第一步行动,即在2020年前开展一项耗资4000万欧元的研究,以决定未来航空母舰的类型与性能。[①] 据估计,法国建造的新航母将花费50亿—70亿欧元,而且在研究期间需要决定一

---

① News Pakistan, "France Launches Plan for New Aircraft Carrier", October 23, 2018, https://newspakistan.tv/france-launches-plan-for-new-aircraft-carrier/.

第三章 安全"再平衡"

些关键问题，例如新航母是否跟"戴高乐"号一样也使用核动力、如何兼容法德联合开发的新型战机等。显然，这些措施的实施与结果如何，还需要时间来验证。

很明显，在欧盟拥有实现其战略目标所需的防务能力之前还有一段路要走。目前欧洲防务能力仍有许多不足，包括空中加油的互操作性，情报、监视和侦察（ISR）以及空运能力。尽管许多成员国正通过购买大型运输机（如A400M）以提升空运能力，开发情报、监视和侦察能力——德国、法国、意大利和西班牙参与了"欧洲中空长航时无人机"（Euro MALE）项目，但能力开发是一个缓慢而昂贵的过程。[①] 近年来空客公司、达索公司和莱昂纳多公司推出的无人机虽可展现欧洲日益增长的军事形象，但实际运作中还需获得欧洲地区的适航认证标准。因此，当前欧盟防务一体化面临的重大挑战乃是必须在短期内填补众多能力短缺的问题，同时也要兼顾成员国未来应该投资哪些能力和技术。不过，就这个问题而言，政策规划者的期望与防务装备的开发采购的实际流程很难完全匹配。单从时间上看，二者各自所需和期望目标实现的过程并不相同：前者更多考虑当前提升防

---

① EEAS, "Shared Vision, Common Action- A Stronger Europe: A Global Strategy for the European Union's Foreign And Security Policy", http: //europa. eu/globalstrategy/sites/globalstrategy/files/eugs _ review _ web. pdf.

务能力的需求，但特定武器系统的开发却通常需要数年甚至几十年。

综上，美国的态度、欧洲的内部分歧与防务能力不足等问题，使得欧美之间的防务"再平衡"不会一蹴而就。在面临网络攻击、恐怖主义等新安全环境下，北约和欧盟都无法独自应对上述威胁和挑战，加强双方的战略伙伴关系仍是明智选择。2018年4月的一份研究报告认为，未来美欧关系将是一种"不可替代的伙伴关系"（An Irreplaceable Partnership）。① 近年来，北约与欧盟就安全合作达成一些共识。2017年12月，北约外长会议就加强北约与欧盟合作的40多项提议达成一致，包括加强战略沟通共同应对"混合战争"② 的威胁；提升后勤支持和信息共享，协作开展军事行动；在防务能力建设方面相互协调；共同支持乌克兰等周边地区稳定等。

---

① Patricia Lewis, Jacob Parakilas, Marianne Schneider-Petsinger, Christopher Smart, Jeffrey Rathke and Donatienne Ruy, "The Future of the United States and Europe: An Irreplaceable Partnership", April 2018. 2018年11—12月，笔者随团赴美国调研"美欧关系"期间，美国约翰·霍普金斯大学跨大西洋研究中心学者格外强调美欧双方是"不可或缺"（indispensable）的伙伴。

② 一般认为，"混合战争"理论由美国军事专家弗兰克·霍夫曼于2007年首次提出。该理论认为，由于全球化影响和技术扩散等原因，传统的"大规模常规战争"和"小规模非常规战争"正逐步演变成一种战争界限更加模糊、作战样式更趋融合的混合战争。

四 结论与展望

近年来,"特朗普冲击波"对包括安全关系在内的欧美关系造成较大影响,招致欧洲的不满与愤怒等情绪上升。特朗普对北约和盟友的批评等及其对欧洲安全的"推脱"态度,使欧盟迫切认识到需要加大防务投入、提升防务能力,进一步增强战略自主性。因此,欧盟防务一体化近年来取得重大进展。但是,在美国的疑虑和警惕之下,欧盟由于内部分歧与防务能力不足等因素,既没有彻底坚决的意愿也没有足够的实力挑战美国对北约的主导地位。未来,欧美防务的不平衡状态仍将持续。

另外,美欧在安全与防务领域的合作性一面不容低估。2016年的《欧盟外交与安全政策全球战略》(EUGS)指出,当今世界是欧、美、中三大力量并立(G3)的格局,但美国及其领导的北约依然是欧盟在传统军事安全领域最倚重的合作伙伴。而美国借助北约在欧洲长期保持军事存在,除裹挟欧洲一起遏制和应对俄罗斯的威胁外[①],也可防止欧盟朝更加独立自主的方向发展。2016年北约秘书长斯托尔滕贝格向特朗普"喊话"时称,共同的利益和

---

① 有观点认为,"欧洲面临的俄罗斯军事压力没有我们通常认为的那么大"。参见祁昊天《威胁迷思、美国角色与能力矛盾——欧洲防务行动层面的供给与需求》,《欧洲研究》2018年第6期。

价值观是欧美伙伴关系的基础，美国不能放弃北约，特别是面对"更加强硬"俄罗斯的威胁时。① 言外之意，如果美国在欧洲安全上采取收缩战略，强硬的俄罗斯可能向欧洲推进，但这也表明欧洲自身尚未对一种"后北约"的未来做好准备，当然，北约显然也不希望成为一个"后美国时代的联盟"②。

需要补充的是，2019年2月特朗普宣布美国暂停履行《中导条约》义务并正式启动退约程序。美国此举以及俄罗斯的后续对策，不但关系着该条约的存废，还可能对全球战略稳定、欧亚安全特别是欧洲和平产生严重消极影响。可以说，美国宣布退出《中导条约》，实际上将欧洲重新置于军备竞赛和核战争威胁之下，对欧美安全互信带来了严重损害。2020年7月，特朗普政府宣布从德国撤出近1.2万名驻德美军，其中约5600人将转移至意大利、比利时和波兰等北约其他国家。按照特朗普对撤军决定的解释，主要原因就是德国没能达到北约成员国防务支出占本国GDP 2%的目标。然而，同为北约成员国的意大利和

---

① "Now Is Not the Time for the US to Abandon Nato- Nor Should Its European Allies Go It Alone", *The Guardian*, November 12, 2016, https：//www.theguardian.com/commentisfree/2016/nov/12/us-must-not-abandon-nato-europe-go-alone-jens-stoltenberg.

② Ellen Hallams and Benjamin Schreer, "Towards a 'Post-American' Alliance? NATO Burden-Sharing After Libya", *International Affairs*, Vol. 88, No. 2, 2012.

比利时防务支出都低于德国。因此,可以说,美国从德国撤军让近年来龃龉不断的德美关系再度受挫,对北约这一跨大西洋伙伴关系联盟也带来消极影响。

不过,美军撤离德国、重新在欧洲部署的计划有可能会发生变化。其中,一个很大的变数就是2021年拜登入主白宫。2020年11月7日,民主党人约瑟夫·拜登(Joseph Biden)战胜特朗普赢得美国举行总统大选,这标志着特朗普以及所谓的"特朗普主义"(Trumpism)至少是在暂时一个阶段看来遭遇了挫败。有观点认为,拜登的上台使得跨大西洋关系重启成为可能,但欧洲政客、学者们也清楚地意识到,欧美关系已经"回不到过去"。欧美之间应该寻求重塑跨大西洋关系,而不仅仅满足于重启或是恢复如初。①

当前,欧美安全关系的演化已经具有某些重要特征,例如:一方面,在跨大西洋联盟的内部向度上看,双方之间在伙伴关系上不但有"修复"意愿,还努力实现某种程度的"再平衡"。2021年2月,拜登在慕尼黑安全会议上称,美国决心与欧洲接触磋商、重建信任,遵守北约的集体防御条款,显示对欧洲盟友的尊重和对跨大西洋联盟的重视;3月和5月,美国国务卿布林肯两度访问欧洲,其重心都是为了拉拢欧洲盟友——前者是参加他的首次北约

---

① 胡黉:《拜登任期,欧洲寻求重塑跨大西洋关系》,《世界知识》2020年第23期。

外长会议，为修复甚或重启在特朗普政府时期恶化的跨大西洋关系奔走；后者则将重启美英特殊关系，且对多年来要求加入北约的乌克兰"暖心""打气"。另一方面，从跨大西洋联盟的外部向度看，美欧在对华、对俄的地缘战略和外交政策协调日益频繁，它们之间的共识增加，甚至出现了一些联合行动。但是，欧美之间在防务投入、责任分担和行动协调等方面的分歧仍将持续。2021年6月9日，拜登赴布鲁塞尔参加北约峰会，强调北约联盟内部各国责任分担应该更加公平，其实质乃是要求欧洲盟国为北约存续和行动做出更大贡献，以减轻美国自身的负担——这是欧美安全关系发展中的一个长期难以解决的"老大难"问题。总之，拜登上台后，美欧安全关系在跨大西洋联盟内部"再平衡"的同时，北约的战略统一或政策协同度明显提高，对外使命、目标的指向更加明确，合法性也得到一定程度的修复，但今后欧美安全关系的平衡程度、内部韧性以及对外影响等，需要继续关注。

第四章 气候变化和能源政策的"变"与"不变"

自2001年美国小布什政府单方面退出《京都议定书》以来，欧盟和美国在气候变化和能源领域的治理方式走上了两条不同的道路。受制于国内政治体系的约束，美国在清洁能源发展和减排等方面呈现"自下而上"的特点。即使支持能源转型的奥巴马在其执政时期，该国与减排相关的立法也无法在联邦层面获得通过。但在实际操作上，美国则率先在国内建立碳排放交易市场，在部分州、市执行严格的温室气体监控体系。相比之下，欧盟则是典型的"自上而下"的治理方式。欧盟利用美国退出《京都议定书》这个"机会窗口"，通过在国际谈判中取得的成果，加大联盟层面的能源和气候立法进程，如建立欧盟碳排放交易体系、制定欧盟2020目标、修订2030年减排目标并在2050年实现碳中和等目标。各个成员国也在欧盟立法、政策的指南下，出台各自的具体行动计划，实施能源转型和气候适应政策。

一 前特朗普时代的美欧气候变化政策

美国的气候变化政策自20世纪90年代中期以来,曾长期是欧洲国家批评指责的对象。克林顿虽然在1997年签署了《京都议定书》,但迫于参议院压力,未敢将议定书送交国会表决,这导致欧洲国家不得不在美国离开的情况下,在《京都议定书》框架内独立支撑发达国家的气候变化立场。小布什在2001年入主白宫后,对待国际气候变化谈判的态度更加消极,他一上台就宣布全球气候问题存在科学上的不确定性,议定书条款对美国经济有负面影响,发展中世界的温室气体排放大国不受约束对其他国家不公平,而且他还反对采取强制性的减排措施,为此,在他治下,美国退出了《京都议定书》。

奥巴马政府却对全球气候变化谈判持很积极的态度,奥巴马2008年竞选的口号是"变革",气候外交就是他的政府在外交方面的显著变革之一。当然,奥巴马重视气候外交,主要不是为了修复欧美关系,而是出于国内经济目的,是为了促进国内经济向低碳经济或绿色经济转型、谋求美国的能源独立,并争夺和引导新能源发展的未来方向。2008年12月,在奥巴马就职之前,他同前副总统阿尔·戈尔和副总统拜登会面时强调:气候变化是一个紧迫

第四章 气候变化和能源政策的"变"与"不变"

的问题,同国家安全密切相关,美国否认这一问题的一页已经翻过去了。他表示,要同共和党人、民主党人、商界和消费者一起采取大胆的和富于进取的方法来处理这一问题。他说:"一旦我上台,你可以确信美国将重新积极参与这些(关于气候变化的)谈判,并帮助领导世界走向一个在气候变化问题上进行全球合作的时代。"他强调,美国不仅将减少自己的温室气体排放,而且还要推动订立国际协议来确保每一个国家都完成自己的那一部分工作。"当我们这样做时,美国将不仅是在谈判桌上充当领导。我们将像我们一贯做的那样,通过革新和发现,通过努力工作和追求一个共同的目的来领导(世界)。"[①]

美国向低碳经济转型主要是一种"自下而上"的方式,加利福尼亚州、纽约州等经济发达、理念相似的州和城市先推出一些新能源和减排的地方政策。奥巴马执政后,其政府改变了布什政府保守的气候变化国际立场和国内政策,将发展环保技术、提升可替代清洁能源建设以及呼吁推动"绿色经济"列为美国提升国际形象的重要途径,创建"绿色经济"也成为奥巴马政府拉动美国经济的新增长点。在其努力下,美国也开始部分地"自上而下"在全国推进低碳经济转型。2009年,奥巴马政府提出《美国清洁能源与安全法案》,这一法案接纳了欧洲提出的温

[①] 周琪:《奥巴马政府的气候变化政策动向》,《国际经济评论》2009年3—4月号。

室气体"总量控制与排放交易"机制，承诺到2020年美国的温室气体排放量比2005年降低17%，到2050年降低83%。这是美国历史上首次对温室气体排放进行限制的法案。该法案2009年在众议院获得通过，但在参议院屡屡受挫。尽管如此，美国形成了一股削减温室气体排放、发展新能源和加强能源自给能力的合力。美国环保署在奥巴马的支持下，权力大大扩大，美国最高法院也授予环保署制定国家级法规的权力。[①] 2014年6月2日，美国环保署宣布了一条有关限制现有发电厂碳排放规则的建议，其目标是到2030年把碳排放减少至2005年的水平。这被称之为"奥巴马政府迄今采取的一项最大胆的减少造成全球变暖的温室气体最大来源的措施"。

　　欧盟和欧洲国家关注气候变化谈判和环境问题，曾在全球气候变化治理的京都时代发挥领导作用。但是随着奥巴马政府在气候变化议题上增大国际合作力度，欧盟的全球领导地位逐渐弱化。在国际多边场合，除了在联合国气候变化框架公约以及G8峰会等既有国际组织的框架下推进多边合作外，奥巴马还主动发起新的倡议，如2009年3月27日美国主办了"主要经济体能源与气候论坛"，旨在推进探讨如何增加对清洁能源的供给以及减少温室气体排

[①] 中国社会科学院欧洲研究所和美国研究所联合课题组2014年8月24日在华盛顿对美国气候与能源方案中心（C2ES）执行副总裁Elliot Diringer的访谈。

第四章　气候变化和能源政策的"变"与"不变"

放，同时就哥本哈根会议的众多议题展开磋商，共有16个发达国家和发展中国家受邀出席了会议。在双边场合，奥巴马政府高度重视气候变化议题。无论是奥巴马出访加拿大同欧盟领导人会晤、出访亚洲，还是希拉里访问东亚四国，气候变化都是美国外交的首要议题。在2009年哥本哈根峰会上，欧盟国家领导人就减排承诺问题对中国、印度等发展中国家施压，造成欧盟国家同中印等发展中国家的对峙局面，最后是奥巴马同基础四国领导人协调和磋商，才形成协议草案。欧盟在哥本哈根峰会上竟然沦落到边缘地位。①

在奥巴马任上，美国在能源领域出现了页岩气革命。从得克萨斯到新墨西哥州，从北达科他州到宾夕法尼亚州，新竖立起数千口油井，美国的页岩气和页岩油产业空前繁荣。这直接导致美国在2018年超过俄罗斯和沙特成为世界上第一大产油国，实现了美国数代人"能源自给"的梦想。与此同时，由于欧债危机英国、德国、波兰等国家却开始增加煤炭的使用比例，从美国进口大量质优价廉的煤炭。这种能源消耗和生产的倒置局面，导致欧洲和美国的能源政策和国际气候变化谈判立场逐步趋同，美国在气候变化领域动作迅速，力度很大，在奥巴马任上，美国已经成为同欧盟重要性相当的气候变化行为体。不过，奥

---

① 薄燕、陈志敏：《全球气候变化治理中欧盟领导能力的弱化》，《国际问题研究》2011年第1期。

巴马政府的气候变化政策转型依然受到众多美国国内因素的约束①，特别是共和党的百般阻挠，而历史也证明共和党上台后，奥巴马"绿色经济"理念的确遭到特朗普的"唾弃"。

二 特朗普上台后美国气候政策的变与不变

奥巴马所说的美国否认气候变化的"那一页"并未如他所愿真正地"翻过去"，以特朗普为代表的保守共和党人在2016年总统大选中"卷土重来"，在联邦层面上开始对奥巴马的气候政策进行"反攻倒算"。在全球气候变化治理进程中，2016年9月，奥巴马治下的美国批准加入了为2020年后全球应对气候变化行动进行安排的《巴黎协定》，与全球其他近200个缔约方一道承诺立即采取行动减少温室气体排放，力争实现将全球平均气温控制在较前工业化时期上升2℃的目标。但特朗普"逢奥巴马必反"，他入主白宫后不久，就于2017年6月正式宣布美国退出气候变化《巴黎协定》，并向"联合国气候变化框架公约"（UNFCCC）秘书处正式提出启动退出程序。2020年11月4日，美国正式退出气候变化《巴黎协定》，成为世界第一个退出该协定的国家。

---

① 周琪：《奥巴马政府的气候变化政策动向》，《国际经济评论》2009年3—4月号。

第四章　气候变化和能源政策的"变"与"不变"

特朗普的国内气候和能源政策也与奥巴马迥异，实施了"放松管制、石化能源优先、振兴煤炭业"的所谓"新政"。秉持气候怀疑论的特朗普认为，美能源产业只有在规制方面减压松绑，才能创造更多就业、加快美国经济发展并提高其能源安全水平。上任伊始，特朗普便表明其"厌绿"立场，摒弃了奥巴马倡议的"清洁电力计划"、批准建设从加拿大到美国的"拱心石"（Keystone）XL石油管道、鼓励石化消费、缩减环保公共开支和规模。以美国环保署为例，该机构在特朗普上任后预算经费大减，2017年度预算仅为80亿美元，比2016年缩减了1/3，接近美国40年来最低水平。2017年4月，白宫命令该机构撤销有关气候变化研究的官方网站，在2018年预算草案中，特朗普建议该机构裁减超过1000个工作岗位。此外，特朗普的"厌绿"立场还落实在"话语正确性"上。据英国《卫报》报道，自2017年2月起，美国联邦政府部门，如农业部及其下属机构即被要求在其官方文件和内部讨论中避免提及"气候变化""适应气候变化"等字眼，转而以"极端天气""应对极端天气"等词语替代。[①]

2018年11月，美国联邦研究机构——全球变化研究

[①] Oliver Milman, "US Federal Department Is Censoring Use of Term 'Climate Change', Emails Reveal", *The Guardian*, August 8, 2017, https://www.theguardian.com/environment/2017/aug/07/usda-climate-change-language-censorship-emails.

中心发布《第四部国家气候评估》报告表示，气候变化正对美国的经济和贸易、国际发展、援助以及国家安全带来巨大而深远的影响。然而，面对如此翔实而严谨的报告，特朗普的选择依然是不相信。

但是，在经济规律和美国地方政府的坚定环保政治意识面前，特朗普的"新政"却并未产生反转性效果：

首先，清洁能源技术已成美国核心竞争力之一，价格日益走低的清洁能源正在大规模地应用于经济生产和居民生活中。过去20多年，技术不断创新和大批量生产降低了清洁能源的发电成本。如今，随着太阳能光伏在世界各地的大规模应用，风能、水利发电站的兴建以及LED灯泡的普及化使用，清洁能源已成为可与石化能源比肩的应用型低成本能源。① 展望未来，全球抗击气候变化的各种努力还会进一步拉低清洁能源技术的使用成本。② 2016年，清洁能源已超过全球能源产业总投资的一半比例，达到55%。③

---

① Nathan Hultman, "As Trump Weighs Paris Climate Agreement, 6 Ways the World Has Changed", Brookings Institute, May 12, 2017, http://www.brookings.edu/blog/planetpolicy2017/05/12/as-trmp-weighs-paris-climate-agreement-6-ways-the-world-has-chagned/.

② Jérome Gautheret, "Obama relativise la portée de l'action climatoscetique de l'administration Trump", *Le Monde*, May 10, 2017.

③ David Livingston, "The Strategic Consequences Behind Trump's Paris Agreement Decision", *Carnegie Endorsement for Peace and Development Briefing Paper*, April 26, 2017.

第四章　气候变化和能源政策的"变"与"不变"

天然气、风能和页岩气正日益成为美国发电新技术中经济实惠的能源来源。得克萨斯大学能源研究所的研究成果表明，如果将其他因素考虑（如健康、水以及监管规制）在内，美国部分地区的太阳能、风能、核能以及其他绿色能源的发电成本应该更低。① 2009—2016 年，即使在没有补贴的情况下，美国内陆的风能发电成本也已从 0.14 美元/千瓦小时下降到 0.047 美元/千瓦小时，这一价格甚至低于天然气和火力电站的发电成本。同期，美国的太阳能发电成本也下降了约90%。②

其次，煤炭行业日渐式微已成必然趋势，特朗普火电优先的倾斜政策难以奏效。长期来看，美国的经济发展以及技术演进已经造成煤炭行业的整体萎缩，国内的煤炭需求呈下滑趋势。尤其是采用"压裂技术"开采的页岩气用低价冲击着特朗普所期待的煤矿业振兴计划。即使美国政府废除了奥巴马的"清洁电力计划"，但这种趋势也不会发生明显变化。③ 据美国能源信息局统计，2011—2015

---

① Stuart A. Thompson and Vikas Bajaj, "The Green Energy Revolution Will Happen Without Trump", *The New York Times*, June 20, 2017.

② Lazard Asset Management, "Lazard Levelized Cost of Energy Analysis 10.0: Key Findings", December 15, 2016, https://www.lazard.com/media/2392/lazard-s-levelized-cost-of-energy-analysis-90-key-findings.pdf.

③ Ted Nordhaus, Alex Trembat and Jessica Lovering, "Climate Policy in the Age of Trump", *Foreign Affairs*, 3 June, 2017, http://www.foreignaffairs.com/north-america/2017 - 01 - 24/climate-policy-age-trump.

年，美国对煤炭的需求下降22%，对天然气的需求上涨了32%。如此"一升一降"，势必带来温室气体排放比率的降低。在创造就业方面，煤炭行业也已风光不再。美能源部数据显示，2016年清洁能源产业为美国提供了近300万个工作岗位，而煤炭行业提供的就业岗位仅为16万个（其中，煤矿业雇工52000人）。[1] 据世界能源资源研究所统计数据，在美国，太阳能和风能行业创造的就业岗位是其他行业的12倍。[2] 天然气和可再生能源是美国发展最快的能源领域。[3] 而2007—2016年，火力发电从占总发电量比重却从逾50%降至30%。[4]

最后，美国各州和地方已形成各自的清洁能源法律保障体系，特朗普的新能源政策无法在国内产生重大影响。

---

[1] Ted Nordhaus, Alex Trembat and Jessica Lovering, "Climate Policy in the Age of Trump", *Foreign Affairs*, 3 June, 2017, http://www.foreignaffairs.com/north-america/2017 - 01 - 24/climate-policy-age-trump.

[2] Andrew Light, "White House Abandoning Paris Agreement Harms the U. S. As Other Countries Step Up", World Resources Institute, 2nd June 2017, http://www.wri.org./blog/2017/06/white-house-abandoning-paris-agreement-harms-us-other-countries-step.

[3] Sarah Ladislaw, "Energy Fact & Opinion: The Trump Administration's Rollback on Environmental Regulations", Center for Strategic and International Studies. March 29, 2017, https://www.csis.org/analysis/energy-fact-opinion-trump-administrations-rollback-environmental-regulations.

[4] David Victor and Kasia Yanosek, "The Next Energy Revolution", *Foreign Affairs*, Vol. 96, No. 4, 2017, pp. 124 - 135.

第四章 气候变化和能源政策的"变"与"不变"

不仅民主党控制的传统"蓝州"——如加利福尼亚州和纽约州继续维持高环保标准和各自的可再生能源政策,甚至在共和党人主政的爱荷华州、俄克拉何马州、得克萨斯州等风能发电站也很普及。

在地方层面,诸多的温室气体减排倡议和清洁能源创新在美国各地方兴未艾,联邦政府很难阻碍各地的减排进程和环保计划。在特朗普宣布退出气候变化《巴黎协定》之际,美国许多城市、州政府及民主党和共和党代表都提出声势浩大的减排倡议,如成立包括12个州、逾300个城市在内的"美国气候联盟"(United States Climate Alliance)。该联盟的目标是实现奥巴马政府在《巴黎协定》下提出的国家减排目标和"清洁电力计划"。2017年6月,美国驻联合国特使、前纽约市长迈克尔·布隆伯格(Michael R. Bloomberg)表示,即使没有华盛顿的支持,美国依然会实现该国气候变化《巴黎协定》中的既定目标。尽管可能失去联邦资金的支持,但地方政府在气候减排中显示的领导能力表明,美国的减排能力不仅仅局限在华盛顿。① 在伊利诺州,2016年年底州政府通过了《未来能源就业法案》(The Future Energy Jobs Act)。该法案的通

---

① Sean Rossman,"In Trump rebuke, Bloomberg Pledges $15 Million for Paris Climate Agreement", *USA TODAY*, June 3, 2017, https://www.usatoday.com/story/news/nation-now/2017/06/03/paris-climate-agreement-michael-bloomberg/367849001/.

过为该州在清洁能源就业、加快向可再生能源发电转型等方面带来法律保障,以确保到2030年该州的温室气体排放比2005年下降56%,这远远高于"清洁电力计划"中该州34%的规定减排目标。①

三 拜登时代的美国气候变化政策展望

随着2021年1月民主党人乔·拜登（Joe Biden）担任美国新一任总统,气候变化重新成为美国的热点议题。"绿色"是拜登的优先议题,他的绿色政策目标宏大、设计复杂,可简要地将其概括为:通过能源转型和绿色增长,实现高就业、高产出、公平、正义的可持续发展。在国内层面,拜登政府计划在国家经济理事会下新设立"国家气候理事会",将气候融入联邦政府各个部门的决策过程,并将其纳入外交政策的优先项。为保证就业、技术研发、产业、个人和家庭不受能源转型的影响,拜登提出在未来四年内,联邦政府将投入2万亿美元,用于落实气候政策的各个方面。②

---

① Steven Cohen, "We'll Always Have Paris: Trump's Impact on the Climate Agreement", Earth Institute, Columbia University, June 5, 2017, http://blogs.ei.columbia.edu/2017/06.05/well-always-have-paris-trumps-impact-on-the-climate-agreement/.

② Joe Biden, "The Biden Plan to Build a Modern, Sustainable Infrastructure and an Equitable Clean Energy Future", July 2020, https://joebiden.com/clean-energy.

第四章 气候变化和能源政策的"变"与"不变"

预计拜登政府可通过立法、总统令等途径使其绿色政策落地。即使在国会可能陷入僵局的情况下，新政府仍然可以通过现行的工资法、劳动协议等措施保障气候政策的可执行性。又或者，通过颁布总统令，拜登政府可在不限制化石燃料的情况下，将投资重点聚焦在清洁能源和基础设施等领域。在国际层面，2021年1月20日，拜登入主白宫首日即签署行政令，要求美国重返气候变化《巴黎协定》和世界卫生组织。

拜登重归"绿色政治"有着比较扎实的经济与民意基础：

首先，在商界，低碳发展依然是美国大公司的"不变法则"。美国的商业巨头，诸如苹果、脸书、迪士尼、谷歌、微软、高盛等公司以及国际能源巨头如英国石油公司、壳牌公司、通用电气等公司均表示美国应留在《巴黎协定》里。特朗普退出气候变化《巴黎协定》的错误决定不会改变它们在美国和世界范围内实施的低碳投资战略。对它们而言，务实比意识形态更重要。公司关注的重点是透明、长效而持续的政策，而不是短期的政府行为。[1] 比如沃尔玛公司在2017年5月宣布实施"万吨减排项目"

---

[1] David Livingston, "The Strategic Consequences Behind Trump's Paris Agreement Decision", Carnegie Endorsement for Peace and Development, April 26, 2017, https：//carnegieendowment.org/2017/04/26/strategic-consequences-behind-trump-s-paris-agreement-decision-pub-68781.

（Gigaton Project）。按照该计划，沃尔玛的供应链和零售商到 2030 年会在全球范围内减少一千万吨温室气体排放，这相当于德国全年的排放总量。有研究显示，美国私营部门的自愿减排行为使民众有理由相信，尽管该国已退出气候变化《巴黎协定》，但依然会达到奥巴马设定的到 2025 年温室气体排放量在 2005 年水平基础上下降 26%—28% 的气候减排目标。① 尽管特朗普积极推动发展传统能源产业，但美国商界对此并不积极，至少并未出现向石化行业大规模注资的现象。②

其次，在国内立法和司法层面，特朗普的气候怀疑立场遭到包括共和党议员在内人士的抨击和遏制。比如 2017 年 5 月，美国众议院否决了特朗普政府提出的放松甲醛排放管制和削减清洁能源研发基金的两项议案。③ 与特朗普的气候怀疑论调相反，许多共和党众议员也加入跨党派的

---

① David Livingston, "The Strategic Consequences Behind Trump's Paris Agreement Decision", Carnegie Endorsement for Peace and Development, April 26, 2017, https：//carnegieendowment.org/2017/04/26/strategic-consequences-behind-trump-s-paris-agreement-decision-pub-68781.

② Stewart M. Patrick, "Trump's Catastrophic Climate Decision Imperils the Planet-and Hastens American Decline", Council of Foreign Relations, June 1, 2017.

③ Jonah Busch, "How Leaders Condemning Trump's Paris Pullout Can Match Words with Deeds on Climate", Center for Global Development, June 5, 2017, https：//www.cgdev.org/blog/how-leaders-condenming-trumps-paris-pullout-can-match-words-deeds-climate.

第四章　气候变化和能源政策的"变"与"不变"

抗击气候变化组织。在司法方面，美国最高法院也通过三项决定，以确保联邦政府的政策和行为与该国的"清洁空气法案"相符。这意味着，美国公民、各州和当地政府、公司可以对美联邦政府任何缺乏法律依据的政策、行为（包括总统令）提出司法挑战。①

最后，在特朗普任内，美国的实际减排成绩其实并未受到太大影响。根据"各国减排行动跟踪"发布（Climate Action Tracker）的评估报告，美国2017年的减排成绩超过一年前的预期。该报告预测美国的温室气体排放至2030年前将一直呈下降趋势。新气候研究所（New Climate Institute）创始人、荷兰格罗宁根大学教授尼克拉斯·荷恩（Niklas Höhne）证实了"各国减排行动跟踪"的评估结果。他表示，"虽然特朗普当局竭力脱离奥巴马时期的美国能源和气候政策、开倒车，可是我们的研究结果显示，特朗普政策对美国温室效应的前景到目前为止并未造成负面影响。事实上，情况恰好相反，因为美国消费越来越多的清洁能源同时又不断减少煤炭的消费，我们已经调低了美国截至2030年的预期温室气体排放量走向"。美国老百姓日常生活的变化也与上述评估结果相吻合。越来越多的美国人将白炽灯泡换成更省电的节能灯泡。美国立法机构将空调机使用的制冷剂氟氯烷（该物质破坏大气臭氧层）

---

① William Buzbee, "Dismantling Climate Rules Isn't So Easy", *New York Times*, December 8, 2016.

价格在过去几年里调高了十几倍,而且规定从2020年起开始在国内禁止使用。政府机构、公共部门亦逐渐采用更加清洁(如地热)的可再生能源进行冷气输送和供暖。

美国的一些大企业也在积极落实减排承诺,比如美国联合航空公司(以下简称"美联航")2020年年底正式宣布该公司将在2050年实现碳中和,规划利用投资碳捕获技术和可持续航空燃料来实现这个目标。美联航投资了一个碳捕捉公司——五点公司(pointfive),从物理上去除空气中的二氧化碳,并且将温室气体排放到地下。它们计划在美国建造一个直接空气碳捕获工厂,该工厂能够提取多达100万吨的二氧化碳,就好比栽下4000万棵树。美联航首席执行官斯科特·科尔比(Scott Kirby)表示,"作为世界最大航空公司之一的领导者,我深知我们有责任为应对气候变化贡献力量,也是有责任解决气候变化问题"。美联航还计划继续投资于可持续航空燃料,与传统航空燃料相比较,可持续航空燃料能够将整个生命周期的温室气体排放降低最多80%。该公司透露,他们应用了世界上所有航空公司中最可持续的航空燃料,自2016年以来,应用这种环保型燃料的航班超过21.5万次,载客达到2600万人次。

四 欧盟的气候变化和能源政策

与美国"自下而上"的气候政策和减排行动相比,欧盟则在"能源联盟"这个新的治理框架下以"自上而下"的路径,有条不紊地执行《巴黎协定》和欧盟"绿色新政"。

(一) 欧盟层面:"能源联盟"建设

从 2007 年起,欧盟开始将能源和气候变化政策整合在一起。欧盟分别在 2010 年、2011 年、2014 年先后出台了"能源 2020 战略""能源 2050 路线图"和"能源与气候 2030 战略"。2015 年 2 月,欧盟委员会(以下简称"欧委会")发布《面向气候变化政策的一个具有韧性的能源联盟框架战略》(以下简称"能源联盟战略文件"),提出在欧盟建立"能源联盟"。该联盟的目的是打造一体化的欧洲能源市场、使成员国间加强能源安全合作,发展去碳化经济。

能源联盟意味着建设一个新欧洲能源治理结构,即将能源政策、对外能源政策和气候变化政策融合在一起,以能源安全、可再生能源、能效、内部市场以及研发五个领域为支点。[1] 能源联盟在 2014—2019 年容克任欧盟委员会主席期间,成为三大优先行动之一〔与"容克投资计划"

---

[1] 曹慧:《能源联盟——一个新的欧洲能源治理框架》,载黄平、周弘、程卫东主编《欧洲发展报告(2016—2017)——欧盟 60 年:困境与反思》,社会科学文献出版社 2017 年版,第 152—163 页。

(Juncker Investment Plan)和数字一体化市场并列]。从欧盟的角度看，为实现"让每个欧洲人拥有安全、可持续性、具有竞争力、负担得起的能源"的宏图，必须达到相互关联的五大战略目标：(1)保障能源供应安全；(2)建立完全一体化、具有竞争力的内部能源市场；(3)提高能效；(4)加大可再生能源的利用和开发，实现气候减排目标；(5)加强对绿色能源技术的研究与创新。

能源安全是欧盟的核心利益，也是能源联盟建立的出发点。欧委会在"能源2020战略"中明确指出，能源供应安全和可再生能源、能源市场一体化是关系欧洲利益的问题，"欧盟应在能源政策和共同外交与安全政策中，特别关注石油与天然气管道，以及相关生产与运输基础设施的安全与保障"[1]。在机制上，对外能源政策协调与发展的权能被进一步集中整合在欧盟层面。2015年欧委会进行机构改革，增设主管能源联盟和气候变化的副主席，同时欧委会和欧洲对外行动署在能源问题谈判中的作用也有所增强。

基础设施建设是能源联盟框架的核心，也是连接欧洲天然气市场的关键，它是欧盟的重点投资对象，近年来，欧盟特别加大了对新成员国和欠发达地区的能源设施建设

---

[1] European Commission, "Energy 2020: A Strategy for Competitive, Sustainable and Secure Energy", COM (2010) 639 final, Brussels, November 10, 2010, p. 7.

第四章 气候变化和能源政策的"变"与"不变"

支持。2015年,在容克投资计划中,195个关键能源基础设施项目被设为共同利益项目,其中包括108个电力、77个天然气和3个智能电网项目等。在能源联盟框架下,欧盟计划在2020年之前实现盟内10%的跨境电网互联;到2030年,温室气体排放在1990年基础上减少40%的目标。具体措施包括提高油气合同的透明度、加强跨国合作、通过立法确保电力和天然气供应、以及为提高能效和制订可再生能源方案增加资金支持等。① 2015—2020年,据欧盟委员会估算,用于成员国内部以及成员国之间的输电网络、天然气管道在内的泛欧能源网络设施改造和现代化建设的资金将达到2000亿欧元。②

欧盟的能源议价能力大幅提升。随着能源联盟的建立,欧盟内部统一声音的增强,同时,俄罗斯在欧天然气市场垄断地位的弱化、再生能源开发和大规模应用、能效的提高、液化天然气运输技术的不断创新,尤其是美国页岩气革命后,欧美于2016年开始的液化天然气(LNG)贸易开始增长,欧盟与国际其他地区天然气市场关联度增加,"能源稀缺"的传统假设发生了动摇。俄罗斯这个能

---

① European Commission, "Energy Union Package: Achieving the 10% Electricity Interconnection Target Making European's Electricity Grid for 2020", February 25, 2015, COM (2015) 82 final.

② European Commission, "Energy Union Package: Achieving the 10% Electricity Interconnection Target Making European's Electricity Grid for 2020", February 25, 2015, COM (2015) 82 final, p. 11.

源生产国和欧盟这个消费大"国"在天然气市场定价中的关系正在发生变化。

（二）成员国层面：可再生能源产业呈现去补贴化趋势

能源和气候变化是非常复杂的政策领域，它们的治理权分布在欧盟和成员国的各个层级上。2009年，经《里斯本条约》修订后的《欧洲联盟运行条约》第194条明确将能源划为欧盟与成员国的共享管辖权能。条约规定，决定开发新能源与可再生能源的权利保留在欧洲议会和欧盟部长理事会。但同时，成员国拥有制定能源组合和能源供应战略的管辖权。此安排的逻辑是，欧盟成员国可再生能源的立法、政策的制定都须在欧盟《可再生能源指令》下转化为具体的国家法规或政策。

2014年起，部分成员国陆续开始在欧盟新政的指导下，将可再生能源发电补贴制度逐渐改为"竞价上网"制度，培养可再生能源产业的竞争力。欧盟的新政是指2014年出台的《关于成员国对环境保护和能源资助指南办法2014—2020年》（*Guidelines on State Aid for Environmental Protection and Energy 2014—2020*，以下简称《国家资助指南》）文件。该文件第三部分明确指出，"从2016年1月起，为鼓励可再生能源发电市场的统一化，所有（接受可再生能源发电补贴的）受益方都应将所发电力直接售卖到

第四章 气候变化和能源政策的"变"与"不变"

市场,参与市场(竞争)"①。

德国调整可再生能源政策的决心很大,它已取消了对企业的发电补贴,逐步"断奶",使其适应市场竞争。德国政府于 2016 年 6 月 8 日通过《可再生能源法》修正案,削减对可再生能源发电设施扩建以及入网的补贴,降低发电成本,并鼓励行业内加强竞争,防止可再生能源投资过热。② 按照原入网补贴政策,德国电网运营商必须以较高的指定价格收购可再生能源所发的绿色电力,而多出的成本则由终端消费者买单。这一做法虽然鼓励了可再生能源产业的发展,但也不可避免地推高了电价。而新修改案则规定,自 2017 年起,德国不再以政府指定价格收购绿色电力,转而通过市场竞价,将补贴发放给中标的可再生能源发电企业,即谁出价最低,谁就可以按此价格获得新建可再生能源发电设施入网补贴。不过,为鼓励家庭安装自用型太阳能电池板,装机容量小于 750 千瓦的小型太阳能发电设施将不必参与竞价,依然遵循原来的补贴办法。

---

① European Commission," COMMUNICATION FROM THE COMMISSION Guidelines on State aid for environmental protection and energy 2014 – 2020". Brussels,June 28,2014,2014/C 200/01.

② 《德国政府调整可再生能源入网补贴政策》,新华网,2016 年 6 月 9 日,http://news.xinhuanet.com/fortune/2016-06/09/c_1119017285.htm。

在英国，原能源与气候变化部（DECC）[①] 2015年7月出台了一系列减免可再生能源补贴措施。措施主要包括两个领域，生物电解产业和光伏产业。在英格兰和威尔士，新批准的生物电解发电项目将不再享受原有的固定不变的补贴标准。在实施固定补贴时期，英国市场上涌现出大量的生物发电和光伏产业，使得英国政府不堪"补贴"重负，不得不考虑削减该领域的补贴。此外，英国还展开"可再生能源义务证书框架下补贴"的咨询议案。该议案的中心内容是如何将"可再生能源义务证书框架"补贴政策（Renewable Obligation）过渡到"竞标合约框架"（Bidding Contract for Difference）。该政策转型的目标就是削减政府可再生能源发电补贴开支。根据该咨询方案，原来对陆上风能和5兆瓦及以下光伏项目发电补贴计划已于2016年4月1日终止。仅此一项，英国2015—2016财政年度在可再生能源财政补贴上减少了4500万英镑支出。预计在2020—2021财政年度，补贴削减力度将达到9100万英镑。[②] 尽管如此，有数据表明，英国2020—2021年的可再

[①] 2016年7月，该部已遭到特蕾莎·梅政府撤销，与其他部门合并成立商务、能源与工业战略部。

[②] The UK Department of Energy and Climate Change, "Renewable Energy Subsidies Revised to Ensure Consumers Are Protected from Higher Energy Bills", July 22, 2015, https://www.gov.uk/government/news/controlling-the-cost-of-renewable-energy.

第四章 气候变化和能源政策的"变"与"不变"

生能源补贴仍将高达91亿英镑,超出预算15亿英镑。①

此外,英国可再生能源行业也将面临被征收气候变化税(Climate Change Levy)的前景。英国于2015年7月宣布,政府不再免除可再生能源发电企业的气候变化税。这是英国首次对可再生能源补贴进行回溯性削减。② 对可再生能源发电商而言,这意味着他们将不能继续获得免税证书(Levy Exemption Certificates),从而无法通过将出售这些证书给售电公司的方法谋利。这项政策已经对某些电力企业产生了重大影响,如英国一家大型的发电商德拉克斯公司(Drax),其股价在该政策宣布的当天狂跌28%。由此可见,因陆地风电、光伏等行业补贴政策遭到削减、可再生能源气候变化税的启动,以及受整体政策环境的不确定性等因素影响,英国可再生能源项目的投资吸引力大幅下降。

---

① Ernst & Young Global Limited, "Renewable Energy Country Attractiveness Index 2016", Working Paper, No. 47, 2016, pp. 43 – 46; Ernst & Young Global Limited, "Renewable Energy Country Attractiveness Index 2015", Working Paper, No. 46, 2015, pp. 35 – 37.

② 从2015年8月1日起,对征收气候税的可再生能源企业实施过渡期政策。在过渡期内,可再生能源发电企业仍可以有条件地享受免税。其条件是:它们需要拥有足够的、当期所发电力的免税证书,并且再将这些电力提供给具备条件的用户。为落实该项政策,英国于2015年7月颁布的2015—2016"夏季财政法案"(Summer Finance Bill 2015 – 2016)中包含了相应的措施。彼时英国政府意欲在2016年秋季与监管机构以及受影响的行业部门讨论过渡期的长度。

整体来看，欧盟在可再生能源领域出现补贴力度和投资规模大幅双降态势，其原因主要有两点：

其一，可再生能源发电补贴政策出现巨大变化，使投资者开始观望。为符合欧盟《国家资助指南》等相关指令，欧盟主要成员国以及英国陆续削减可再生能源产业补贴，个别国家甚至干脆取消了对可再生能源产业的补贴，目的是减少政府干预、促进市场竞争。但短时期内政策出现反复，使该产业进入"繁荣—泡沫破裂"的周期。如在西班牙和意大利，政府取消了"入网回购电价"（Feed-in tariff）的补贴政策，这对太阳能行业打击较大。据欧洲环境署数据统计①，截至2018年8月，欧盟已基本完成2020年前需要完成的可再生能源在能源消费中占20%的目标。不过，取消或削减补贴的意大利、西班牙和英国等国距此目标还有相当大的差距。

其二，国内政治影响到欧洲可再生能源行业的发展。以西班牙为例，该国的第三大政党、极左翼政党"我们能"（Podemos）在2015年年初的大选中宣布，如果该党执政的话，将推出一个激进的能源计划，即在未来20年内投资

---

① European Environment Agency, "Overall Progress Towards the European Union's '20-20-20' Climate and Energy Targets", August 3, 2018, https://www.eea.europa.eu/themes/climate/trends-and-projections-in-europe/trends-and-projections-in-europe-2017/overall-progress-towards-the-european.

184亿欧元，以使该国能源完全独立。重点投资领域包括提高能效，发展低成本的太阳能、生物质能和小型水力发电项目。① 而执政的人民党也曾在2015年考虑将零售电价下调5%，以挽回其回落的选民支持度。在意大利，2018年6月，"五星运动"和联盟党成立联合政府，两党均为非建制派政党。"五星运动"的党纲以绿色、环保为主要政治纲领，所以它希望出台更"绿"的能源政策以兑现竞选诺言，迎合选民需要。能源政策尤其是可再生能源政策已成为一些欧洲政党拉选票的重要"利器"。

（三）欧盟加快能源立法和机制协调进程

从2018年起，欧盟进入能源、气候变化立法快车道。欧盟加速立法进程的目的是为了推进能源市场一体化，实施"欧洲清洁能源计划"（Clean Energy Plan for All Europeans）、更有效地执行气候变化《巴黎协定》。欧洲清洁能源计划于2016年11月底由欧盟委员会提出。② 为实施该计划，欧盟需新立或修订8部相关法律，范围涉及可再生

---

① Giorgos Kallis, "Podemos Party's Plan to 'Stimulate Consumption' Needs More Ambition", *The Guardian*, January 15, 2015, https://www.theguardian.com/sustainable-business/2015/jan/15/spain-podemos-should-further.

② The European Commission, "Clean Energy for All Europeans-Unlocking Europe's Growth Potential", Press Release, November 30, 2016, Brussels.

能源、能效、能源联盟、建筑物能源表现、能源市场跨境监管及规制协调等领域。

2018年6月,欧盟各国达成一项旨在提高可再生能源目标的共识:到2030年,欧盟可再生能源在总能源消费占比从非强制性的27%上调至具有法律约束力的32%,进一步提高可再生能源并网力度,保障电力供应安全。[①] 欧盟委员会在提案中强调,这有助于欧盟在抗击气候变化、清洁能源转型及执行《巴黎协定》方面继续发挥领导作用。欧盟能源与气候行动委员米盖尔·卡内特(Miguel Cañete)强调,该目标的通过是欧盟在欧洲清洁能源转型努力的结果。[②] 同年11月,欧洲议会通过了该提案。[③] 不出意外的话,修订后的《可再生能源法令》可在2021年转化为各成员国的法律。2021年,欧盟计划推出《气候变化法》。

此外,欧盟欲进一步从欧盟层面加强市场监管、政策

[①] The European Commission, "Statement on Energy Efficiency First: Commission Welcomes Agreement on Energy Efficiency", Brussels, June 19, 2018, http://europa.eu/rapid/press-release_STATEMENT-18-3997_en.htm.

[②] Miguel A. Cañete, "EU Clean Energy Transition Must Remain Beneficial for Consumers", *New Europe Journal*, September 21, 2018.

[③] European Parliament, "EU Targets: More Renewable, Better Energy Efficiency", November 7, 2018, http://www.europarl.europa.eu/news/en/headlines/economy/20181031STO18175/eu-targets-more-renewables-better-energy-efficiency.

第四章　气候变化和能源政策的"变"与"不变"

协调能力。① 2018 年 6 月 11 日，欧盟部长理事会通过"建立欧盟能源监管合作局（ACER）修订案"文本。欧盟能源合作局成立于 2011 年，总部位于斯洛文尼亚首都卢布尔雅那。该局的最初定位是监管欧盟电力批发市场以及跨境能源基础设施。此修订案旨在扩大欧盟能源合作局的权能，加强各成员国的能源监管政策协调性。该法案的通过意味着跨境电力和天然气市场已被纳入欧盟层面予以监管，今后凡按普通立法程序通过的能源指令、决定或规定均由欧盟能源合作局予以执行，无须在成员国层面进行审议和转化。

欧盟理事会认为，随着市场融合度不断增高，以及因电力产品多样性带来的新变化，各成员国能源管理当局与邻国之间需进行广泛的规制协调、更频繁的跨境电力贸易。该修订案有利于欧盟成员国共同应对突发性能源供应危机、保障电力供应安全。此外，加强欧盟电网互联性意味着需要保障电网稳定性，使大批量的可再生能源电力能够并入电网。保加利亚能源部长特莫努兹卡·佩特科娃（Temenuzhka Petkova）强调，ACER 修订案是涉及"欧洲清洁能源计划"的最后一部法律。

---

① Kostis Geropoulos, "EU Agrees on New Rules for Improving Energy Union Governance", *New Europe Journal*, June 20, 2018, https://www.neweurope.eu/article/eu-agrees-new-rules-improving-energy-efficiency.

(四)"绿色新政"促进能源转型

2019年12月1日,乌尔苏拉·冯德莱恩(Ursula Von Leyen)领导的新一届欧委会正式就任。新一届欧委会的工作将聚焦绿色发展、经济增长、数字化、共同安全、全球伙伴关系与促进民主等六大优先领域。冯德莱恩出任欧委会主席后,在欧洲议会发表的首次演讲中将其政治主张归纳为"绿色与数字化的欧洲经济双转型"。

"绿色"被新欧委会视为新增长战略。在欧盟委员会公布的新政"欧洲绿色协议"[①](以下简称"协议")中,冯德莱恩确定的首个优先领域即为"绿色",其核心目标是欧洲到2050年实现"碳中和",将二氧化碳净排放量降至零。"协议"明确规划了未来五年欧盟的绿色增长路线图。欧盟希望增强市场监管,扩大对可再生能源等产业投资,使欧洲企业更具国际竞争力。"协议"在绿色发展方面的具体规划包括制定能源密集型产业和这些产业所在地区发展转型的机制,包括设立专门的投资基金;提议订立赋予2050年气候目标法律效力的"气候法",使欧盟走上一条不可逆的"碳中和"之路;制订促进循环经济发展的行动计划,使之与新产业政策相辅相成;将欧盟2030年

---

① Ursula von der Leyen, "A Union that Strives for More: Political Guidelines for the Next European Commission 2019 – 2024", November 2019.

第四章 气候变化和能源政策的"变"与"不变"

温室气体减排目标从1990年基础上减少50%，上调至55%；建议在欧盟碳排放交易体系（EU-ETS）框架内设置能源和工业部门排放配额，尽可能将道路运输、海运、建筑业等部门也纳入EU-ETS；制定包括清洁燃料、充电基础设施建设、税收和促进铁路货运等方面的清洁智能交通发展战略；制定"从农场到餐桌"战略，提高粮食生产和分配系统的可持续性；制定调动公共和私人就发展绿色经济进行可持续的投资的战略及相关措施。

EU-ETS机制是"协议"的关键环节。比利时布鲁盖尔研究所在2019年11月发布的研究报告中指出，落实EU-ETS应做到四点：一是应覆盖所有行业和部门，使市场"充满活力"；二是碳排放价格的设置应与可持续投资战略挂钩；三是通过技术创新振兴欧洲产业；四是将气候政策可能产生的消极影响纳入欧盟层面考虑，通过有针对性的补偿措施，帮助能源密集型行业及这些产业所在的地区和国家实现绿色转型。

欧盟"绿色新政"仍受到很多内部因素的干扰。首先，在成员国层面上存在阻力。一些欧盟成员国，比如波兰政府就明确表达过反对2050年实现"碳中和"目标的欧盟立场。波兰有近80%的电能来自煤炭发电，匈牙利和捷克的情况与波兰类似。这些国家担心在没有足够的欧盟财政资金保障的情况下，强力推行减排措施将不利于本国经济增长。其次，欧洲议会中的激进党团不容小觑。2019

年欧洲议会选举后,欧洲议会政党版图呈现碎片化态势。实力大增的民粹政党寻求加强对欧盟内政、外交政策的影响,这在一定程度上削弱了包括欧委会在内欧盟机构的治理能力。针对"协议",欧洲议会内尚存在很多不同意见。在2019年11月27日进行的对新委员会规划蓝图的最终投票中,绿党党团全体议员选择弃权,该党团联合主席凯勒表示,该纲领"缺少农业和贸易领域的深度改革"。在投反对票的党团中,极左翼"欧洲联合左派—北欧绿色左派"党团表示,新施政纲领没有回答人民对社会和环境问题的诉求;极右翼"认同与民主"党团则认为"协议"的内容过于"天真"。

此外还有资金缺口的问题。与2019年7月提交的文本相比,冯德莱恩11月底向欧洲议会提交的施政纲领中用于绿色转型基金的金额从3500亿欧元下调到1000亿欧元。但据欧盟委员会估计,若要实现当前的2030年气候和能源目标,欧盟每年需增加2600亿欧元投资。再有,在"协议"中即将扮演重要角色的欧洲投资银行是否能履行其"气候银行"的新职责仍有待验证。2019年7月,该行已表示将支持冯德莱恩的"协议"。一旦履约,欧洲投资银行将成为世界上第一家不再向化石能源项目(包括石油、天然气及其基础设施)提供贷款的政策性国际金融机构。

五　结论：能源安全成为欧美关系的"交叉点"

欧美在能源领域的共识是能源供给对跨大西洋关系至为重要。能源供给安全已于2014年纳入北大西洋公约组织的管辖范围。特朗普上台后，保障能源供给安全和供给多元化是"欧盟—美国能源理事会"的核心议题。在此共识下，欧盟积极推进了跨里海和跨亚德里亚海天然气管线（TAP）建设网络。2018年7月，为缓和日趋紧张的欧美贸易冲突，欧委会主席容克和特朗普签署共同宣言，同意加强跨大西洋能源战略合作，从美国进口液化页岩气（LNG），并在欧洲建设更多的LNG终端港口。① 2016年至2018年8月期间，欧盟已从美国进口LNG约28亿立方米，逾40艘液化气油轮。美国2017年LNG出口总额中的10%输往欧洲。② 在共同宣言中，欧盟承诺将投资6.4亿欧元在欧盟国家建设或扩容更多的LNG终端港口。目前，

---

① European Commission, "EU-U. S. Joint Statement of 25 July: European Union Imports of U. S. Liquefied Natural Gas (LNG) Are on the Rise", August 25, 2018, http://europa.eu/rapid/press-release_IP-18-4920_en.htm.

② European Commission, "EU-U. S. Joint Statement of 25 July: European Union Imports of U. S. Liquefied Natural Gas (LNG) Are on the Rise", August 25, 2018, http://europa.eu/rapid/press-release_IP-18-4920_en.htm.

欧盟现有 LNG 进口容量为 1500 亿立方。到 2021 年，欧盟新建或在建的 LNG 终端港口达到 14 个，可从美国新增进口 LNG 约 150 亿立方。当然，大规模进口美国 LNG 的前提是美方提供的价格具有市场竞争力。① 此处暗指美国的 LNG 价格是否与俄罗斯天然气公司提供的天然气具有比较价格优势。在成员国中，波兰是美国的坚定支持者。波兰国有能源公司 PGNiG 与美国公司签订了一份长达 20 年 LNG 供应合同。按计划，波兰将从 2022 年开始，每年从美国进口约 27 亿立方 LNG。

欧美能源领域的主要分歧点也聚焦在能源供给安全上，尤其体现在由俄罗斯天然气工业公司（Gazprom，以下简称"俄气公司"）承建的"北溪 2 号"天然气管道项目。"北溪 2 号"项目 2011 年启动，由俄罗斯、德国、荷兰、法国和欧委会共同签署的天然气管线建设项目。该项目使俄罗斯可以避开乌克兰和波兰等对俄不友好国家，通过在波罗的海海底铺设管道，直接将天然气输送到德国。在 2018 年 7 月召开的北约峰会上，特朗普猛烈抨击了"北溪 2 号"天然气管道项目，尤其是反对德国对该项目的鼎力支持。他指责因为天然气依赖性，德国已被俄罗斯

---

① European Commission, "EU-U. S. Joint Statement of 25 July: European Union Imports of U. S. Liquefied Natural Gas（LNG）Are on the Rise", August 25, 2018, http://europa.eu/rapid/press-release_IP-18-4920_en.htm.

第四章　气候变化和能源政策的"变"与"不变"

"捕获"。特朗普建议北约秘书长斯托尔腾贝格（Jens Stoltenberg）应将该议题纳入峰会的正式议题上讨论。特朗普的批评加大了欧盟内部在"北溪2号"项目上的分歧。2018年7月，有报道称波兰积极游说美国，阻挠"北溪2号"项目。10月，波兰总理杜达和德国外交部长也在该项目上继续打"嘴仗"。德国能源国务秘书托马斯·贝黑瑟（Thomas Bereiss）再次确认，俄罗斯是欧洲"安全、可靠的天然气供应者"，因此，"北溪2号"可以保证欧洲的能源供给。德国外交事务国务秘书安德利亚斯·米盖尔里斯（Andreas Michaelis）表示，欧洲的能源政策不能由美国来定义。尽管俄罗斯曾向特朗普提出建议，由俄、美建立一个类似欧佩克的能源组织联盟，使得这两个能源供给大国拥有更多的石油和天然气市场定价权。但特朗普以俄罗斯为美国的直接对手为由否绝了俄的提议。

纵观从小布什到特朗普执政的二十余年里，美国政府在气候变化、能源等领域存在着"不变"的行为规律：在国际层面，美国在《京都议定书》《巴黎协定》上屡屡出现毁约行为，严重损害了其国际形象。在国内层面，清洁能源法案和国际减排承诺在联邦立法机构频频受阻。相比之下，"自下而上"的减排运动、通过页岩气实现"能源独立"成为美国气候变化、能源领域演变过程中的亮点。如今，拜登治下的美国重返《巴黎协定》，重启能源转型和绿色增长计划，并希望借此重塑在全球气候治理中的领导地位。

在欧洲，英国退欧后，欧盟仍立法通过了提高2030减排目标、2050年实现"碳中和"等气候目标。但由于成员国之间存在较大国情和利益差异，在推进联盟内部跨境电网互联、天然气枢纽等基础设施建设的背后，是欧盟对保障能源安全的优先诉求。对新时期下的欧美而言，现实主义势头上升，地缘政治思维成为政策制定的指南，能源安全超越全球气候治理，成为双方的核心利益所在，而"北溪2号"则成为欧、美、俄三方博弈的焦点。

第五章　发展援助政策的新动向

在发展援助领域，欧盟和美国同为世界上最重要的行为体，美国、欧盟以及欧盟成员国是当今世界发展援助资金的主要提供方。经济合作与发展组织发展援助委员会（OECD-DAC）提供的数据显示，2019年，欧盟及其成员国作为一个整体，稳坐世界发展援助方第一位置。在欧盟的所有成员国中，德国以238亿美元的援助额位居全球发展援助国家排行榜的第二位，英国紧随其后，以194亿美元的贡献位居第三位，法国则以122亿美元排在第五位。美国则是主权国家中发展援助的最大提供者，美国为全球提供了346亿美元的发展援助资金。在所有的发展援助方中，欧盟是一个非常特殊的行为体。在欧盟内部，发展援助是欧盟和成员国之间的共享权能，除了成员国所开展的援助项目之外，欧盟也有自己的援助资金并独立开展援助项目。2019年，欧盟为全球发展援助贡献了148亿美元的资金支持。①

欧盟和美国凭借其悠久的援助历史和慷慨的资金投入，对全球发展援助议程的设定产生了重要的影响。进入21世纪，全球发展援助经历了一场显著的演变过程，在这一过程中，欧盟和美国的发展援助政策也进行了一定调整。值得注意的是，2016年以来英国"脱欧"和特朗普上台执政分别为欧盟和美国的发展援助政策带来显著改变，而2020年年初开始蔓延全球的新冠肺炎疫情给全球经济造成了严重的冲击，并导致了援助需求的大量增加，进一步加速了援助格局的调整进程。

一 当前全球发展援助的格局

同很多其他议题一样，发展援助本身也处于不断演变的过程中，而在过去近20年，全球发展援助经历了一轮新变化。法国发展署前署长让·米歇尔·塞维利诺（Jean-Michel Severino）等在题为"发展援助的终结：全球公共政策的死亡与重生"的文章中，构建了由援助目标、援助

---

① OECD-DAC, "Aid by DAC Members Increases in 2019 with More Aid to the Poorest Countries", April 16, 2020, https://www.oecd.org/dac/financing-sustainable-development/development-finance-data/ODA-2019-detailed-summary.pdf.

第五章　发展援助政策的新动向

主体和援助方式构成的分析框架。① 这一框架为观察和分析全球发展援助格局提供了有益帮助。

首先，从援助目标上来说，全球发展援助的目的逐渐从推动发达国家和发展中国家之间的经济融合，转变为一种全球公共产品。冷战结束前后，发展援助的主要动机从地缘政治变为"怜悯心伦理"（compassionate ethics）。21世纪以来，特别是受到"9·11"事件的影响，全球化的后果更加直观地展现在各国面前，它使得全球发展援助的目标进一步多样化。

进入21世纪，除了传统的减贫等议题，疫病预防、性别平等、生物多样性保护及气候变化等交叉性问题开始在全球发展援助议程中占据更重要的位置，并对原有的发展援助目标设定形成补充。之所以出现这种变化，一方面是由于传统的发展援助的目标设定颇为有限，实践证实其效果不佳；另一方面这也是因为援助方自身有了新的需要，它们对提供全球公共产品有了新的认知，意识到提供援助不仅符合受援方的利益，也同样符合援助方的利益。全球化将援助方和受援方更加紧密地联系在一起，以至于受援方一个地区的事务，可能会演变为援助方乃至全球的事务。在这种背景下，发展援助被赋予了一个新的目标：

---

① Jean-Michel Severino and Olivier Ray, "The End of ODA: Death and Rebirth of a Global Public Policy", CGD Working Paper, No. 167, March 2009, Center for Global Development.

在全球化的世界中有效管控全球的相互依赖关系。这一转变使得全球发展援助目标在推进发达国家与发展中国家之间的经济融合之外,又增加了提供基本的人类福利和设法维护全球公共产品两层内涵。①

其次,从援助主体来说,援助主体数量增加且越来越多元化,已经超出了传统的发达国家行为体的范畴。发展援助主体的变化主要体现在两个方面,即新兴经济体的深度参与和非官方援助方的快速崛起。这些援助主体已经在传统援助方之外,形成了一股强大的力量。据估计,由它们所提供的援助资金总量早在2005年就已经超过了传统发达国家。②

随着经济实力的增长和全球利益的快速扩展,包括中国、印度、巴西等为代表的新兴经济体和富裕的海湾国家已开始走上发展援助的前台,在一定程度上改变了传统的"由北到南"的发展援助路径。通过提供数额巨大的发展援助资金,这些新兴援助方与传统的发达援助方形成竞争态势。它们在发展援助机制内的异军突起,甚至被形容为

---

① Jean-Michel Severino and Olivier Ray, "The End of ODA: Death and Rebirth of a Global Public Policy", CGD Working Paper, No. 167, March 2009, Center for Global Development, p. 5.

② Homi Kharas, "The New Reality of Aid," Paper Presented to the Brookings Blum Roundtable, Washington, D.C., August 1, 2007, p. 6.

是一场"静悄悄的革命"①。在所有的新兴援助国中,中国凭借慷慨的援助投入,成为其中最大的投入方,吸引了全球范围内比较大的关注度。中国于2011年和2014年先后发布了两版的《对外援助白皮书》,在一定程度上介绍了中国的发展援助开展情况。在这两份白皮书中,中国将发展援助资金分为三类:无偿援助、无息贷款和优惠贷款。根据中国官方披露的数据,2010—2012年,中国共计提供了价值893.4亿元人民币的发展援助,其中,提供无偿援助323.2亿元人民币,占对外援助总额的36.2%。②而根据美国威廉与玛丽学院"援助数据"实验室的研究,从2000—2014年的15年间,中国向全球140个国家提供了总额超过3500亿美元的资金支持,其中有21.6%符合发展援助委员会对发展援助的定义标准。③

在新兴援助国积极参与发展援助的同时,一些规模较大、资金充裕的非政府组织、跨国企业、基金会、慈善组织和宗教组织等也加入发展援助的队伍中来,并根据自身

---

① Ngaire Woods, "Whose Aid? Whose Influence? China, E-merging Donors and the Silent Revolution in Development Assistance", *International Affairs*, Vol. 84, No. 6, 2008, pp. 1205 – 1221.
② 中华人民共和国国务院新闻办公室:《中国的对外援助(2014)》,人民出版社2014年版。
③ Axel Dreher, et al., "Aid, China, and Growth: Evidence from a New Global Development Finance Dataset", AidData Working Paper 46, October 2017.

特点和专长开展相应的援助活动。这其中比较有代表性的有比尔及梅琳达·盖茨基金会、世界宣明会、国际救助儿童会及福特基金会等。[①] 以盖茨基金会为例，该基金会目前在全球130个国家开展项目，关注范围涵盖了从疾病预防、性别平等到儿童健康等的方方面面。2018年，盖茨基金会投入约40亿美元资金用于支持其援助项目。如果将其与主权援助国相比较，盖茨基金会可位列2019年世界发展援助的第11大援助方，排在瑞士和澳大利亚之前。[②] 仅就美国而言，美国有着数量众多且资源丰富的非官方援助机构，这些机构提供的资金已经超过了美国官方提供的发展援助资金。2018年，美国双边发展援助资金有约40%是通过私人部门和非政府组织交付的，而当年美国海外私人投资公司和国际开发署，成功通过签署共同资助协议等方式，撬动了36亿美元的私人发展资本。[③]

最后，从援助方式来说，新的援助方式层出不穷，并

---

① Homi Kharas, "The New Reality of Aid", Paper Presented to the Brookings Blum Roundtable, Washington, D. C., August 1, 2007, p. 8.

② "Development Cooperation Profiles 2020: Bill & Melinda Gates Foundation", https://www.oecd-ilibrary.org/sites/da5658fd-en/index.html?itemId=/content/component/da5658fd-en.

③ "Development Cooperation Profiles 2020: United States", https://www.oecd-ilibrary.org/sites/45472e20-en/index.html?itemId=/content/component/da5658fd-en&_csp_=e9bbca204b2d568611983df6cd4c75f9&itemIGO=oecd&itemContentType=chapter.

第五章 发展援助政策的新动向

越来越具有灵活性和创新性。传统的发展援助方式曾长期以项目援助为主。这种"点对点"的援助方式一般以受援国政府、援助国自身（及双方合作）或者通过非政府组织等为媒介，在受援国实施单个发展项目。这种援助方式的优点在于易于监管，对其成效评估相对也较为容易，但缺点在于管理成本较高，容易造成援助方之间的重复援助，也难以从根本上促进受援方的改革和发展。进入20世纪90年代，这种方式受到的诟病越来越多，因此，出现了部门方案（sector program）和预算支持（budget support）等覆盖领域更为广泛的援助模式。部门方案援助通过集中资金的方式，将援助资金用于受援方一个特定的政策领域，以求援助资金利用效果的最大化；而预算支持指的是援助方将援助资金交由受援方使用，纳入其一般预算中。此外，当前的发展援助方式中还出现了一些创新性的援助模式，如对于税收机制的利用、投资风险资本及发行特殊债券等都被引入全球发展援助领域中。但需要指出的是，这些援助方式上的创新和发展只是对原有的发展援助方式的补充而并非取代。①

---

① Jean-Michel Severino and Olivier Ray, "The End of ODA: Death and Rebirth of a Global Public Policy", CGD Working Paper, No. 167, March 2009, Center for Global Development, pp. 7 – 8. See also Sumner Andy and Mallett Richard, *The Future of Foreign Aid: Development Cooperation and the New Geography of Global Poverty*, Basingstoke: Palgrave Macmillan, 2013, pp. 16 – 17.

在众多新兴援助方式中，预算支持是其中优点较为突出、应用范围相对较为广泛的方式之一。根据经济合作与发展组织的定义，预算支持指的是，"一个外部财政机构通过将资源转移到伙伴国国库的方式资助伙伴国的预算，这些转移的资金根据受援国的财政程序管理使用"①。预算支持作为一种援助方式，它的出现和兴起很大程度上是建立在对以项目援助为主流的援助方式的反思和批评的基础之上。它强调尊重受援国的自主性，有助于降低发展援助活动的管理成本，并缓解援助主体之间的协调困境。② 根据实施层面的不同，预算支持又可以进一步细分为一般预算支持和部门预算支持。顾名思义，一般预算支持就是援助方将援助资金注入受援方的总体预算中，而部门预算支

---

① OECD, *Harmonizing Donor Practices for Effective Aid Delivery* (*Volume 2: Budget Support, Sector-wide Approaches, and Capacity Development in Public Financial Management*), Paris: OECD Publishing, 2006, p. 26.

② Jörg Faust and Svea Koch Foreign, "Aid and the Domestic Politics of European Budget Support", DIE Discussion Paper, 2014, German Development Institute; 关于预算支持作为一种援助工具的优点，参见 European Commission, "Guidelines on the Programming, Design & Management of General Budget Support", January 2007, https://ec.europa.eu/europeaid/sites/devco/files/methodology-aid-delivery-methods-programming-design-general-budget-support-200701_en_2.pdf; European Commission, "Budget Support Guidelines," Luxembourg: Publications Office of the European Union, 2018。

持则是援助方将资金投入于受援方的一个较为宽泛的部门领域，如教育、卫生和环境等。

总的来说，21世纪以来全球发展援助经历了显著的演变过程，这一过程主要体现在援助目标、援助主体和援助方式三个方面。这一分析框架的建立为观察和理解发展援助提供了有益的帮助。欧盟和美国都是全球关键的发展援助提供者。在这一演变潮流中，双方在这三个层面各自采取了不同的回应策略。

二　欧盟和美国发展援助政策的演变

在全球发展援助的演变过程中，欧盟和美国都逐渐调整各自的援助目标和援助方式，并根据自身特点采取措施以回应新兴援助方的崛起带来的挑战。

（一）欧盟和美国与发展援助目标的调整

如前所述，在全球发展援助的演变过程中，旧的援助目标即加强受援方与援助方之间的经济融合以提高受援方经济发展水平和减少贫困的目标得到保留，在此基础上，援助方还在全球化背景下将推进全球治理的目标纳入其中，从而将一系列交叉性和曾经的边缘性议题摆到议事日程中更高的位置上来。

对欧盟来说，早在1992年的《欧洲联盟条约》中就规定了其发展援助所要达成的基本目标。条约明确提出，欧盟的发展援助应致力于实现三大目标，即推动发展中国家可持续的经济和社会发展、推动发展中国家顺利和逐渐地融入世界经济及对抗贫困。① 如果说彼时欧盟的发展援助以促进受援国经济增长为重心的话，到2000年6月，欧盟颁布其第一个指导发展援助政策的文件——《欧洲共同体发展政策》时，欧盟的发展援助目标就已经有了明显改变。在该文件中，欧盟阐述了其发展援助所遇到的新的挑战，比如可持续发展、充分利用全球化机遇，以及增加发展援助规模和应对各类危机的需要等。在这种认识的基础上，欧盟依然将减少和最终消除贫困确定为其发展援助事务的最优先事项，但是对于贫困的认识发生了重要变化。欧盟认为，贫困已经不能仅仅被视作缺少收入和其他资金来源，而应该被视作一个多样化的概念，其中包含基本能力的丧失，教育、医疗、自然资源、就业机会缺失等非经济因素，以及政治参与和基础设施服务短缺等。② 这种认识

---

① Council of the European Communities and Commission of the European Communities, "Treaty on European Union", Luxembourg: Office for Official Publications of the European Communities, 1992, p. 60.

② European Commission, "Communication from the Commission to the Council and the European Parliament: The European Community's Development Policy", 2000, p. 16, https://ec.europa.eu/europeaid/communication-commission-council-and-european-parliament-european-communitys-development-policy_en.

的转变就要求在解决贫困问题时,应当综合考量这些经济、政治、社会及环境和制度方面的因素。

2000年9月,联合国制定了包括"消灭极端贫穷和饥饿""确保环境的可持续能力""促进两性平等",以及"制定促进发展的全球伙伴关系"等在内的首个"千年发展目标"。在《联合国千年发展宣言》中,发展中国家首脑呼吁工业化国家"给予更慷慨的发展援助,特别是援助那些真正努力将其资源用于减贫的国家"①。"千年发展目标"一经发布,欧盟就给予积极回应。欧盟先后于2001年和2002年发布了《为了更好世界的可持续欧洲:欧盟可持续发展战略》和《面向可持续发展的全球伙伴关系》两份文件,分别从对内和对外角度阐述了欧盟实现可持续发展的优先领域、主要目标和具体措施。其中,在《面向可持续发展的全球伙伴关系》中,欧盟确定将推动实现"千年发展目标"作为其行动的重要方向。

经过21世纪最初几年的调整,欧盟的发展援助政策在2006年迎来一个新的里程碑。2005年,欧盟发布了《欧洲发展共识》文件,为现行的欧盟发展援助政策奠定了基础。在2000年发布的《欧洲共同体发展政策》的基础上,《欧洲发展共识》明确表明,欧盟将减少贫困作为其发展援助的首要目标。条约确认:"欧盟发展合作的主

---

① 《联合国千年宣言》,http://www.un.org/chinese/ga/55/res/a55r2.htm。

要和首要的目标是在可持续发展和实现千年发展目标的背景下消除贫困。"[1] 为此，欧盟承诺将提供更多的援助，努力提升援助的有效性，并加强欧盟同成员国以及受援国之间的协调和互补。而在具体的援助领域上，欧盟将发展援助关注的重点转向包括环境保护、人类发展、社会融合和就业等在内的九大关键领域。

此后，尽管2009年生效的《里斯本条约》和2011年制定的《增强欧盟发展政策的影响力：一项变革议程》都对欧盟的发展援助政策产生了较大的影响，但欧盟发展援助的目标并没有突出的变动。2017年6月，欧盟发表了名为"我们的世界，我们的尊严，我们的未来"的新的《欧洲发展共识》文件。新的发展共识文件积极回应了2015年联合国发布的《2030年可持续发展议程》及同年达成的气候变化《巴黎协定》。除了依然将消除贫困和实现可持续发展作为欧盟发展援助政策的核心之外，欧盟还承诺为发展中国家应对气候变化的措施提供更大支持。在新的《欧洲发展共识》文件中，欧盟的政策目标被归纳为人类、地球、繁荣及和平等四个方面，并将青年、性别平等、可持续能源和气候变化、善治以及投资和贸易等议题作为行动的优先领域。

---

[1] European Commission, "The European Consensus on Development", Luxembourg: Office for Official Publications of the European Communities, 2006, p. 12.

第五章 发展援助政策的新动向

就在联合国刚刚制定了"千年发展目标",而欧盟也正在逐步确立自己新的发展援助政策的时候,美国遭到"9·11"恐怖袭击事件。这次袭击给美国的发展援助带来了深刻的影响,极大地提升了发展援助在美国政策议程上的地位。2002年3月,乔治·沃克·布什(小布什)总统提出创建"千年挑战账户"的计划,在此后三年内将发展援助资金增加一半。同年9月,小布什政府发布《美国国家安全战略报告》,其中提出外交、国防和发展并重的"3D战略"(Diplomacy, Defense, Development),从而大大增强了发展援助在美国对外事务中的重要性。在这一战略性调整的指导下,美国国际开发署密集发布了一系列政策文件,对新形势下的美国发展援助目标进行了界定。

在2002年《美国国家安全战略》报告发布之后不久,美国国际开发署即发表题为"国家利益中的对外援助"的报告。在该报告中,美国发展援助领域的决策者认识到了由"9·11"事件所凸显的全球化及其可能带来的风险,承认传统的军事、外交和情报手段不能从根本上保护美国的安全。该报告从推进民主治理、促进经济增长、改善人民健康、缓和国际冲突、提供人道主义援助及重视私人部门的发展援助六个方面勾勒了新的美国对外援助战略的框架。[①] 2003年8

---

① U. S. Agency for International Development, *Foreign Aid in the National Interest: Promoting Freedom, Security, and Opportunity*, Washington, D. C., 2002, p. 1.

月，美国国务院和国际开发署联合发布了第一份《战略规划（2004—2009）》，用以指导双方合作共同实现美国的外交目标，维护美国的全球利益。根据这份文件，美国将建立和强化双边及多边外交关系，保护美国自身及其盟友免遭恐怖主义、环境退化和疾病等带来的威胁，并推动美国价值观在全世界的传播。[①] 在此基础上，报告细化了美国外交政策和发展援助的四大目标：达到和平与安全、促进可持续发展与全球利益、推动国际谅解及强化外交和方案能力（program capability）。同时，报告还提出包括反恐、民主和人权、公共外交和事务等在内的 12 条优先事项。

2004 年，美国国际开发署发表了《面临 21 世纪挑战的美国对外援助》的报告，指出当前全球面临五大主要挑战：维持相对稳定的发展中国家的发展进程、推动脆弱国家的基本治理、全球和跨国问题、人道主义响应及有关特定国家的具体战略外交政策事项。在这种认识的基础上，美国国际开发署提出五大发展援助核心目标：推动转型发展、强化脆弱国家、提供人道主义救济、支持战略重点国

[①] U. S. Department of State and U. S. Agency for International Development, "Strategic Plan for Fiscal Years 2004 to 2009: Aligning Diplomacy and Development Assistance", 2003, https://www.state.gov/documents/organization/24299.pdf.

第五章　发展援助政策的新动向

家及关注全球和跨国问题。① 该文件和《战略规划（2004—2009）》相互支持和补充，共同奠定了"9·11"事件后美国发展援助政策的基石。

可以看出，小布什政府的发展援助政策在很大程度上受到"9·11"事件的影响，其政策直接为其维护美国国家安全和反恐斗争服务。② "如果说在冷战期间，美国重视第三世界的发展是为了争取第三世界国家的民心，从而在与苏联的全球对抗中取胜的话，那么，在21世纪，小布什政府重新重视第三世界国家的发展，则是为了在全球同恐怖主义做斗争。"③ 尽管小布什政府也认识到贫困、疾病、环境退化等问题对全球安全及美国自身安全的威胁，但对这些问题在其战略考量中仍属次要因素。对于国土安全的重视及从根本上消除威胁美国安全因素的期待，使小布什政府将上述交叉性议题放在较为边缘的位置。

奥巴马上台后，基本继承了小布什政府发展援助政策的衣钵，并在其基础上有所发展，其中一个突出表现是对

---

① U. S. Agency for International Development, "U. S. Foreign Aid Meeting the Challenges of the Twenty-first Century", Washington, D. C., January 2004.

② Steven Radelet, "Bush and Foreign Aid", *Foreign Affairs*, September/October 2003, https://www.foreignaffairs.com/articles/2003-09-01/bush-and-foreign-aid.

③ 周琪：《新世纪以来的美国对外援助》，《世界经济与政治》2013年第9期。

发展援助领域内多样性议题的关注。2010年9月，奥巴马政府发布了美国历史上的首份《全球发展政策总统指令》。在该指令中，奥巴马明确提出了其任期内的发展援助政策将建立在三大支柱之上：可持续发展政策、新的实践模式和现代化的援助体系。[①] 除此之外，该指令更加深远的意义在于"为美国政府提供了关于发展合作的清晰、高度和整体政府的视野。它将发展同美国的核心利益，比如安全、繁荣、尊重国际价值观和维护国际秩序等连接起来，使得发展成为美国的一项具有战略、经济和道德意义的迫切事务"[②]。在此基础上，美国又提出了包括推动发展中国家经济增长和民主治理及创新等在内的五条具体措施。在发布该指令的同时，奥巴马发表了一篇关于发展援助的演说。在该演说中，奥巴马指出，美国正在改变对发展援助最终目标的认识，也就是从关注援助的短期效益到从根本上改善受援国社会和经济环境，并为贫困人口走出贫困指明道路的转变。[③] 2010年12月，美国国务院与国际开发

[①] The White House, "Presidential Policy Directive on Global Development", September 2010, https：//obamawhitehouse.archives.gov/the-press-office/2010/09/22/fact-sheet-us-global-development-policy.

[②] OECD, *OECD Development Assistance Peer Reviews*：*United States* 2016, Paris：OECD Publishing, 2016, p. 16.

[③] Barack Obama, "Remarks of President Barack Obama：As Prepared for Delivery 'Responsibility for our Common Future' Address to the United Nations General Assembly", September 23, 2009, http：//www.un.org/ga/64/generaldebate/pdf/US_en.pdf.

署联合发布《四年外交和发展评估报告》，提出将援助活动集中于六大领域的设想，即可持续经济增长、食品安全、全球健康、气候变化、民主与治理及人道主义援助。[1]除此之外，该报告还提出将外交与发展进一步融合，开展"发展外交"的设想，并提出建设发展外交的具体措施。[2]该报告与《全球发展政策总统指令》一起，为美国新的发展援助路径做出清晰的规划。这一路径建立在三个要素之上：面向可持续发展的政策；致力于有效性和结果的实践模式，强调发展中国家的自主权和推动援助方之间的有效分工；采取一种全政府的路径，以充分利用不同政府部门间的发展能力。[3]

在奥巴马任期内，美国政府共提出"哺育未来""全球健康倡议""增长伙伴关系""全球气候变化倡议"四大外交倡议，它们是奥巴马政府践行发展外交、推动发展援助变革的旗舰项目。因此，"在某种程度上，奥巴马政

---

[1] "Leading Through Civilian Power: The First Quadrennial Diplomacy and Development Review", Washington, D. C., U. S. State Department and U. S. Agency for International Development, 2010, p. x.

[2] "Leading Through Civilian Power: The First Quadrennial Diplomacy and Development Review", Washingtou, D. C. U. S. State Department and U. S. Agency for International Development, 2010, pp. 117 – 119.

[3] OECD, *OECD Development Assistance Peer Reviews: United States* 2011, Paris: OECD Publishing, 2013, p. 11.

府延续了小布什政府的发展政策,更加系统地制定了美国全球发展政策,而且进一步将发展政策扩展到贸易、投资、气候变化、能源等议题领域"①。由此可见,奥巴马时代的发展援助所要达到的目标已经在小布什政府的基础上向更加多元化的方向发展,对于传统的发展援助为国家安全服务的目标的强调有所淡化,对于全球问题的关注则达到一个新的高度。

(二) 欧盟和美国与发展援助主体的增多

发展援助主体的数量增长和种类增加是全球发展援助领域中的又一个显著变化。作为处在全球发展援助前沿的欧盟和美国,既同时面临着这种变化所带来的挑战,也因为双方之间在援助政策上的差异及行为体性质的不同特性,而在具体的侧重点上有所不同。总的来说,双方都需要面对包括中国、印度、巴西等新兴援助国的崛起对其援助带来的挑战,而在有关非官方援助方的问题上,美国需要面对的挑战要远大于欧盟。

针对全球范围内新兴援助国的崛起,欧盟主要做出两方面的反应:一方面,终止了对部分中等收入国家的双边援助项目;另一方面,强调要加强同它们在发展援助问题上的沟通和协调。

---

① 白云真、申晓若:《论奥巴马政府的发展外交》,《美国研究》2015 年第 6 期。

第五章 发展援助政策的新动向

随着经济的快速发展，一些中等收入国家已经逐渐成为新的援助方，因此，是否应该继续向这些国家提供援助在欧盟及其成员国内部引起广泛讨论。2009年欧盟《里斯本条约》正式将"伙伴关系"原则引入欧盟的发展援助体系，这体现了欧盟试图改变此前发展援助的"非互惠性"特征，转而强调与发展中国家合作，特别是同中等收入国家合作时的互惠性要求。① 而在具体的政策层面上，2011年欧盟出台了名为《增强欧盟发展政策的影响力：一项变革议程》的文件。正如欧盟在该文件中所阐述的那样，它出台的主要原因就在于"快速变化的全球环境"和"新的国际援助体系"。其中，重要的一点就是"发展中国家之间的差异逐渐增长。新兴国家的增长已经成为全球增长的关键部分。一些国家已经成为发展援助的提供者和全球公共产品的关键伙伴"②。在对这种变化认知的基础上，欧盟确立了用于指导其发展援助政策的四项原则：区别、集中、协调和一致。其中，"区别"原则要求欧盟在制定发展援助政策时，应将发展中国家之间日益增长的差异性考

---

① Adam Moe Fejerskov, "European Union Development Cooperation in a Changing Global Context", DIIS Report, Danish Institute for International Studies, 2013, p. 36.

② Council of the European Union, "Increasing the Impact of EU Development Policy: an Agenda for Change", May 2012, p. 1, https://ec.europa.eu/europeaid/sites/devco/files/publication-agenda-for-change-2011_en.pdf.

虑在内，注意将其发展援助用于最急需且能够产生最大效果和影响的国家和地区。在这一原则的指导下，欧盟结束了对包括中国、印度等在内的19个中等收入国家的双边发展援助项目。

在结束同部分中等收入国家的双边援助项目的同时，欧盟也将加强与这些国家之间的协调和合作提到更高的议事日程上来。欧盟对新兴援助国的崛起对自己的挑战有清晰的认识。2008年，在欧洲议会发布的一份有关中国对非洲政策决议的文件中就指出："非洲的可持续发展会受到中国等新兴国家的显著推动或者影响。"同时，"中国作为一个替代援助提供者的出现，对欧盟面向非洲政府的、以推动政治改革为方向的附加条件的援助路径是一大挑战"①。在这种认识的基础上，欧盟强调同中国开展对话和协调的重要性。同样在这份文件中，欧洲议会呼吁欧盟在经济合作与发展组织发展援助委员会的框架内同中国开展建设性对话，以促使中国采用发展援助委员会的指导原则和标准，并呼吁欧盟同非洲国家一道邀请中国参与发展援助领域的双边和多边协调会议。在同年10月欧盟发布的题为"欧盟、非洲和中国：面向三边对话与合作"的通讯中，欧盟更加明确地倡议同中国在非洲大陆、地区及国家

---

① European Parliament, "China's Policy and Its Effects on Africa", April 23, 2008, http：//www.europarl.europa.eu/meetdocs/2004_2009/documents/dv/d-cn20080602_09/D-CN20080602_09en.pdf.

第五章 发展援助政策的新动向

三个层面上开展发展政策领域的对话合作，并将非洲问题纳入中欧领导人峰会等双边对话机制中。

美国在奥巴马政府时期，也对来自新兴援助方的挑战有了更加清晰的认识。为了回应这种挑战，美国将"伙伴关系"原则应用于发展援助政策中。与欧盟不同的是，美国的伙伴关系原则不仅强调它适用于包括中国在内的新兴援助国，还强调它适用于非政府援助机构。2010年，美国国务院和国际开发署联合发布的《四年外交和发展评估报告》，其主题就是"通过民事力量领导"。在该文件中，美国的政策制定者认识到，发展援助领域中的重要伙伴除了政府、地方组织等之外，还有基金会、非政府组织和宗教团体等。奥巴马政府的发展援助政策的实施路径正是从对于"伙伴关系"的承诺开始，确定它包括以下五个维度：和受援国的伙伴关系、同其他公共和私人部门的伙伴关系、同美国政府内其他部门的伙伴关系、同地方政策执行者的伙伴关系，以及同美国的非政府组织的伙伴关系。

美国政府认识到，新兴援助国和非政府援助方的兴起在为发展援助注入新动力的同时，也为援助方相互之间的协调带来挑战，这就需要美国在其中扮演领导者的角色，以推动援助方之间的协调和分工。对于新兴的援助国，一方面，美国的政策是通过战略对话加强与它们的沟通与协调；另一方面，则在美国政府内增加与这些国家相关的政策制定和研究团队的力量，并更加广泛和深度地参与到这些国家的事务中。对于非政府援助部门来说，由于从美国流向全球的援助资金中，非政府部门的贡献占据了更大比例，因此，同它们之间的伙伴关系对于美国来说尤为重要。在奥巴马于2010年发布的《全球发展政策总统指令》中，就提出要影响私人部门，并将发展与私人部门的伙伴关系作为美国发展援助的优先事项之一。① 事实上，在奥巴马任期内，"伙伴关系"已经成长为美国发展援助中的重要原则和实践方式之一，成为其与小布什政府的发展援助政策的一个重要的区别。②

（三）欧盟和美国与发展援助方式的创新

在援助目标和援助主体发生变化的背景下，如何更好和更有效地开展发展援助成为摆在各个援助方面前的一个重要问题。当前，发展援助领域已经出现了一系列创新型援助方式，而预算支持就是其中一个较为典型的代表。

欧盟对采用预算支持的援助方式表示出较为积极的态度，也是全球发展援助领域中这一方式最重要的支持者之一。在2000年发布的《欧洲共同体发展政策》中，欧盟

---

① The White House, "Presidential Policy Directive on Global Development", September 2010.
② Karen Del Biondo, "The EU, the United States and Partnership in Development Cooperation: Bridging the Gap?", CDDRL Working Papers, December 2014.

第五章　发展援助政策的新动向

就明确提出，要"在总体战略的框架内，将共同体的干预集中到更加有限的优先领域和部门中，包括更加强调预算支持和部门规划"[①]。为更有效地利用预算援助工具为欧盟的发展援助服务，2002年，欧盟专门发布了一份在发展援助中推行预算支持方式的指导文件——《对第三方国家预算支持的规划和实施纲要》。此后，该文件每五年更新一次，成为欧盟以预算支持方式开展发展援助的指导纲领。在2005年发布的奠定其当前发展援助政策基础的《欧洲发展共识》文件中，欧盟进一步指出，发展援助可以通过不同的方式互相补充，而在条件允许的情况下，应更多地通过预算支持的方式提供，以强化对自主性原则的尊重。[②]

欧盟对于预算支持方式的偏爱也反映在实际的投入上。从《欧洲共同体发展政策》发布时的2000年到2003年，欧盟发展援助中通过预算支持方式分配的资金额几乎翻倍，从3.48亿欧元增加到了7.73亿欧元。[③] 欧盟的第九个发展基金（2000—2007年）中，有30%的资金是通

[①] "Communication from the Commission to the Council and the European Parliament: The European Community's Development Policy", European Commission, 2000, p. 33.

[②] "The European Consensus on Development", European Commission, 2005, p. 19.

[③] Petra Schmidt, "Budget Support in the EC's Development Co-operation", German Development Institute Studies, 2006, p. 42, https://www.die-gdi.de/uploads/media/Studies_20.pdf.

过预算支持的方式提供的，而到了第十个发展基金（2008—2014年），这一比例则被提升到48%。① 2014—2018年，欧盟批准了164个预算支持项目，资金规模达95亿欧元，仅2018年一年，欧盟通过预算支持的方式提供的资金就高达18亿欧元。② 由此，欧盟成为全球最大的以预算支持方式提供发展援助的行为体，其通过该方式提供的资金占全球总量的比重达70%。③

相比于欧盟，美国发展援助中预算支持所占比重可谓微乎其微。根据经济合作与发展组织发展援助委员会提供的数据，2008—2016年的九年中，预算支持仅占美国所有发展援助支出的不足1.5%。而在2018财年，美国对外援助的资金支出中仅有1%左右是通过预算支持的方式提供的（见图5-1）。④ 预算支持之所以在美国的发展援助中难以

---

① European Court of Auditors, "The Commission's Management of General Budget Support in ACP, Latin American and Asian Countries", Luxembourg: Publications Office of the European Union, 2011.

② European Commission, "Budget Support: Trends and Results 2019", Luxembourg: Publications Office of the European Union, 2019, p. 7.

③ European Commission, "Budget Support: Trends and Results 2018", Luxembourg: Publications Office of the European Union, 2018, p. 7.

④ Marian Lawson and Emily Morgenstern, "Foreign Assistance: An Introduction to U. S. Programs and Policy", Congressional Research Service Report, April 30, 2020, p. 14.

第五章　发展援助政策的新动向

占据重要的地位，是与预算支持方式自身的特点及美国的政治环境密不可分的。第一，相比于项目援助等方式，预算支持更加难于监管，因此，不受美国监管部门的欢迎。第二，以指定资金用途为模式的发展援助，对于美国政府来说更容易向媒体和公众解释，也更容易得到他们的支持，而预算支持显然并不符合这种要求。第三，该模式的广泛推行同样由于美国对于"绑定援助"的使用而受到阻碍。①

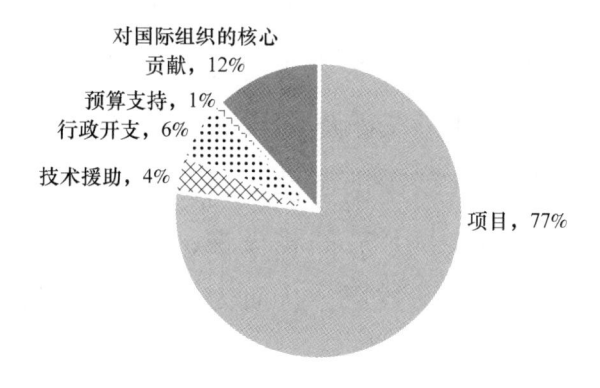

图 5-1　美国对外援助的类型（2018 财政年度）

资料来源：Marian Lawson and Emily Morgenstern, "Foreign Assistance: An Introduction to U. S. Programs and Policy", Congressional Research Service Report, April 30, 2020, p. 14。

---

① Karen Del Biondo, "The EU, the United States and Partnership in Development Cooperation: Bridging the Gap?", CDDRL Working Paper, December 2014, p. 10. 一般认为，通过"绑定援助"（Tied Aid）的方式，要求受援国使用援助资金购买援助国指定的商品和服务，损害了受援国的自主权和利益，而有利于援助国拓展商业利益。尽管自 2005 年开始，美国"绑定援助"占援助规模的比重有了显著的减少，但目前仍是主要传统援助国中占比最大的。

· 211 ·

三 欧盟和美国发展援助政策的新动向及其前景展望

近年来,欧盟和美国的内部政治出现了一些显著的新动向,对双方的发展援助政策产生了重要的影响。对欧盟来说,英国"脱欧"的进程和前景不仅给欧盟未来发展援助资金的充裕度打上了一个问号,也为今后欧盟发展援助政策的走向带来不确定性。而对美国来说,特朗普上台后,整体外交策略向现实主义的快速转向,以及与此伴生的对发展援助态度的转变,一方面严重挫伤了美国发展援助项目开展的积极性;另一方面也凸显了发展援助的现实主义效用,从而为全球发展援助的前景蒙上了一层阴影。

(一)英国"脱欧"与欧盟的发展援助政策

2016年6月的英国"脱欧"全民公决中,英国民众通过投票的方式决定退出欧盟。就发展援助政策领域来说,英国的退出对欧盟来说是一个重大的打击,不仅可能造成欧盟发展援助资金的大幅缩减,也可能对今后欧盟发展援助政策的走向带来深远的影响。

英国是世界上最重要的发展援助国之一。2019年,英国在发展援助上花费了194亿美元,排在世界第三位,仅次于美国和德国。同时，英国也积极履行国际责任，将每年提供的发展援助资金占国民总收入0.7%的要求写入法律，因此，英国也是传统援助国中为数不多的能够达到这一标准的国家之一。对于欧盟的各类援助资金来源来说，不管是欧盟用于发展援助的预算，还是专门用于支持非洲、加勒比和太平洋发展中国家和地区的欧洲发展基金以及负责提供优惠贷款的欧洲投资银行，英国都是重要的贡献者。2016年，在欧盟向全球提供的价值达157亿美元的发展援助中，就有19亿美元（约12%）来自英国。

英国"脱欧"公投之后，多份报告陆续对英国"脱欧"可能给欧盟的发展援助带来的影响做出评估，结果均显示有较大的负面影响。比如，有研究就表明，在"硬脱欧"的情境下，英国将停止向欧盟预算供给发展援助资金，这将可能使得欧盟丧失超过14亿欧元的资金支持，占到其总援助资金比重的14%—15%。[1] 在2017年4月提交给欧洲议会发展委员会的一份报告中，西班牙埃尔卡诺皇家研究所研究员伊亚娜·奥利维耶（Iliana Olivié）和阿伊特·佩雷兹（Aitor Pérez）对英国"脱欧"可能给欧盟

---

[1] Michael Anderson and Ian Mitchell, "Beyond Brexit: How Will EU Overseas Development Assistance Be Affected?", October 2016, https://www.cgdev.org/blog/beyond-brexit-how-will-eu-overseas-development-assistance-be-affected.

的发展援助政策造成的影响进行了详细的评估。① 报告讨论了英国脱欧的三种情境模式,即"民族主义的英国""现实主义的英国"和"世界主义的英国",并分别从财政、政治和实践三个层面分析这种影响。就财政影响而言,不管是在哪种情景下,欧盟的发展援助都会受到较大影响,其中,在"民族主义的英国"情境下,英国用于发展援助的资金将缩水约30%,相应地,欧盟将失去其现有发展援助资金的21%—22%,并使其发展援助资金占全球支出的比重从当前的58%下降10个百分点,到47%—48%左右。而在另外两种情景中,英国用于发展援助的资金总额将保持不变,但在"现实主义的英国"情境下,英国将致力于建立新的发展援助渠道和联系,因此,通过欧盟分配的援助资金将减少。在"世界主义的英国"情境中,他们预测英国将寻求某种程度上与欧盟的合作,但其对欧盟发展援助的财政贡献依然会减少。

从政治层面来说,英国的退出及欧盟发展援助资金的减少,尽管并不会将欧盟从全球第四大援助方的位置上拉下来,但其在全球层面和地区层面的影响力都将受到削弱。事实上,除了影响力方面的损失之外,其他一些研究

---

① Iliana Olivié and Aitor Pérez, "Possible Impacts of Brexit on EU Development and Humanitarian Policies", April 2017, https://publications.europa.eu/en/publication-detail/-/publication/fab2f7a4-370b-11e7-a08e-01aa75ed71a1/language-en.

第五章　发展援助政策的新动向

也指出了政治上欧盟可能不得不面临的问题。比如，有学者指出，英国是欧盟内部推动欧盟发展援助政策积极面向全球层面的有力支持者，也是过去十几年欧盟发展援助政策和体系改革的重要倡导者。英国的退出可能导致欧盟发展援助政策重心发生偏离，将更多的注意力和资金投入周边地区甚至内部事务上来。①

英国对欧盟发展援助政策制定的影响，在很大程度上推动了欧盟发展援助在过去十多年的改革进程。而英国的退出意味着欧盟"失去了一个有价值的、积极的和支持发展的声音，也失去了塑造欧盟发展政策的英国视角"②。而这一视角恰恰是与当前欧盟所推行的发展援助政策目标高度契合的。③ 除此之外，英国的离开也将导致欧盟内部的南欧和东欧国家在发展援助上的影响力相应的提升，而这些国家对于向全球其他地区提供更多的发展援助往往热情

---

① Patrick Watt, "Post-Brexit, Where Next for EU Development Policy?", July 15, 2016, https://www.savethechildren.net/article/post-brexit-where-next-eu-development-policy.

② Edwin Laurent, "Africa-UK Trade & Investment Agreements after Brexit", Presentation to the All Party Parliamentary Group, Committee Room 12, House of Commons, July 20, 2016.

③ UK Department for International Development, "Raising the Standard: The Multilateral Development Review 2016", December 2016, p. 16, https://assets.publishing.service.gov.uk/government/uploads/system/uploads/attachment_data/file/573884/Multilateral-Development-Review-Dec2016.pdf.

不高。相反，他们更希望欧盟将更多的援助资金用于北非、中东和原苏联地区等与他们相邻的地区。而移民危机等发生在欧盟边界和内部的棘手事务，也使得这些国家不断呼吁将发展援助更多用于应对欧盟的内部危机，由此可能导致欧盟发展援助政策的保守化和内向化。

在实践层面，奥利维耶和佩雷兹的评估主要关注不同情境之下欧盟发展援助资金的分配渠道可能发生的改变。这些分配渠道可以大致分为三类，即双边政府渠道、联合国和其他多边政府部门渠道，以及非政府部门渠道。他们的评估认为，在这三种情境下，除了在"现实主义的英国"情境下，双边政府渠道的资金流动会增加之外，其他所有情境之下的分配渠道都会受到英国"脱欧"的负面影响。不过，他们也进一步指出，尽管有这种变化，其对欧盟在发展援助领域的实践能力的影响十分微弱。

(二) 特朗普治下的美国发展援助政策

特朗普于 2017 年宣誓就任美国总统后，在对外战略层面继承和延续了从奥巴马就开始的现实主义的政策转向，但比其前任走得更远、贯彻得更彻底。[①] 在 2017 年发布的首份特朗普版本的《美国国家安全战略报告》中明确提出，美国的国家安全战略坚持"有原则的现实主义"，

---

① 节大磊：《现实主义理论与美国外交战略的演变》，《当代美国评论》2018 年第 1 期。

第五章　发展援助政策的新动向

而这种现实主义以结果为导向而非意识形态。① 美国政府宣称，"这份国家安全战略报告之所以是'现实的'，是因为其对全球竞争有着清晰的认识：它认识到权力在国际事务中的核心角色，确认主权国家是实现世界和平的希望所在，并清晰地定义了美国的国家利益。说它是'有原则的'则是因为其根植于这样一种认识，即传播美国价值观是在全球推广和平与繁荣的关键所在"②。

与这种对外战略的总体转向相一致，特朗普在发展援助上也实施了有别于其前任总统的政策。特朗普政府认为，现有的发展援助项目既没有有效地帮助实现美国的外交政策目标，也没有帮助维护美国国家安全，而且这些项目往往是无效和缺乏效率的。同时，特朗普认为，长期以来美国承担了不成比例的、不公平的发展援助开支，而其他国家应该站出来提供更多的援助。因此，即使美国从发展援助的前沿退却，其他国家和援助方也会填补美国留下的空缺，并承担他们"公平的责任"③。

---

① The White House, "National Security Strategy of the United States of America", December 2017, p. 1.
② The White House, "A New National Security Strategy for a New Era", December 18, 2017, https：//www. whitehouse. gov/articles/new-national-security-strategy-new-era/.
③ Michael Kaczmarek and Graham Scott, "US Development Policy New Priorities under President Trump", European Parliamentary Research Service Briefing, July 2017.

◆ 跨大西洋变局

在这一前提下，特朗普的发展援助政策体现出了和其前任领导人不同的特点，主要可以归纳为以下三个方面。①

第一，轻视发展援助，着力减少援助开支。特朗普上台后就屡次试图大幅度削减美国用于对外援助的预算。在2017年2月公布的2018年度预算建议案中，特朗普政府计划总共为美国国务院和国际开发署拨款376亿美元，比2017年减少了32%。在此后公布2019年度、2020年度和2021年度预算建议案中，特朗普政府均坚持了压缩对外援助资金的立场。其中，在2020年2月特朗普政府提交的2021年度预算建议中，计划将用于对外援助的资金减少21%，达100多亿美元。当然，此前特朗普的多份削减援助资金的建议案均未在国会获得通过。② 实际上，在国会的阻碍下，特朗普时期的美国援助开支基本保持在同奥巴马时期相同的水平上（见图5-2）。

第二，强调发展援助对实现美国利益的作用。发展援助本身就同时具有"胡萝卜"和"大棒"的双重属性。对一些援助国来说，当发展中受援国采取的政策符合其期望

---

① Cindy Huang and Kate Gough, "Why President Trump's Blunt Threats to Cut off US Foreign Aid are Unique and Counterproductive", December 22, 2017, https://www.cgdev.org/blog/why-president-trumps-blunt-threats-cut-us-foreign-aid-are-unique-and-counterproductive.

② John Hudson and Josh Dawsey, "Trump Vowed to Slash Foreign Aid. Here's Why It hasn't Happened", *Mercurynews*, September 25, 2018, https://www.mercurynews.com/2018/09/25/trump-vowed-to-slash-foreign-aid-heres-why-it-hasnt-happened/.

第五章 发展援助政策的新动向

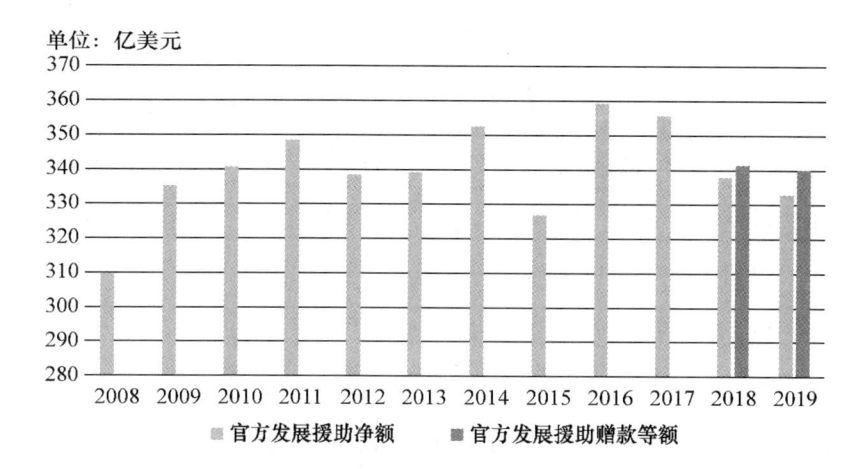

单位：亿美元

图 5-2 美国的官方发展援助（2008—2019 年）

资料来源：Development Cooperation Profiles 2020：United States，https：//www.oecd-ilibrary.org/sites/45472e20-en/index.html？itemId=/content/component/da5658fd-en&_csp_=e9bbca204b2d568611983df6cd4c75f9&itemIGO=oecd&itemContentType=chapter。

和利益时，就通过发展援助予以"奖励"，反之，则予以惩戒。尽管发展援助通常轮番扮演这两种角色，但特朗普无疑更加赤裸裸地将发展援助"武器化"了。对特朗普来说，发展援助仅仅是帮助实现美国地缘战略利益的工具而已，必须要为其在国内和国外践行"美国优先"的口号服务。在这一理念的指引下，特朗普宣称要将有限的发展援助资金给予那些美国的"朋友们"[1]，并屡屡放出风声，

[1] The White House, "Remarks by President Trump to the 73rd Session of the United Nations General Assembly", September 25, 2018, https：//www.whitehouse.gov/briefings-statements/remarks-president-trump-73rd-session-united-nations-general-assembly-new-york-ny/.

威胁减少甚至停止那些给美国利益造成损失的国家的发展援助。比如，2018年1月，特朗普认为巴基斯坦打击恐怖主义不力，未能帮助到美国，随后美国暂停了对巴基斯坦的总额为16.6亿美元的军事援助以及13亿美元的发展援助，以向巴基斯坦施加压力。①

第三，将发展援助作为开展"大国权力竞争"的新战场。发展援助本身作为推行援助国外交政策的一种工具，是外交根本属性的一部分。在小布什和奥巴马治下，美国均将发展援助作为服务于自己总体外交政策的手段和工具。但在特朗普时期，发展援助被赋予了新的使命。除了挥舞发展援助的"大棒"威胁受援国以便为美国争得利益之外，特朗普政府还将发展援助领域视为"大国权力竞争"的新舞台，而这种竞争关系的主要对手就是中国。随着近十几年来，中国在发展援助领域投入的快速增加，在全球范围内的影响力也日益凸显。美国将中国在发展援助领域取得的进步视作一种威胁，因此，美国不断"妖魔化"中国，并采取措施进行对抗。2018年12月，时任美国国家安全顾问的约翰·博尔顿（John Bolton）在传统基

---

① *The Economic Times*, "US Suspended a Total of USD 3 Billion in Security Assistance to Pakistan This Year: Sources", November 29, 2018, https://economictimes.indiatimes.com/news/defence/us-suspended-a-total-of-usd-3-billion-in-security-assistance-to-pakistan-this-year-sources/articleshow/66862254.cms.

金会（Heritage Foundation）阐述了美国新的非洲战略，明显体现了特朗普政府的这种思维。在博尔顿的发言中，曾17次提及中国，指责中国在非洲的所谓的"掠夺性"行为，"抑制了美国的投资机会，干预了美国的军事行动，并对美国的国家安全利益造成了严重威胁"①。因此，新的非洲战略要求美国加强与非洲国家的贸易和商业联系。

（三）前景展望

在过去的近20年里，全球发展援助在目标、主体和方式上均呈现出一些新的发展趋势。然而，近年来，英国"脱欧"和特朗普上台分别给欧盟和美国的援助政策制定带来较大冲击。在全球层面上，由于欧盟和美国在发展援助领域的巨大体量和影响力，它们在发展援助上的这种变动，将会对全球发展援助带来深刻而复杂的影响。

首先，从援助目标来说，欧盟和美国在发展援助政策上的新的调整，可能会给广大发展中受援国带来严重的消极影响。从欧盟的层面来看，由英国"脱欧"造成的援助资金可能的缩减及理念的转变，都会对欧盟既定的发展援

---

① The White House, "Remarks by National Security Advisor Ambassador John R. Bolton on the 'The Trump Administration's New Africa Strategy'", December 13, 2018, https://www.whitehouse.gov/briefings-statements/remarks-national-security-advisor-ambassador-john-r-bolton-trump-administrations-new-africa-strategy/.

助目标带来挑战。尽管欧盟曾有志于在没有英国的情况下，将其用于发展援助的资金在2021—2027年增加30%①，但这一目标最终证明难以实现。根据欧盟机构和成员国领导人2020年12月达成的多年期财政框架（2021—2027年），欧盟用于对外行动的总支出被定格在了984亿欧元，仅比2014—2020年度略微增加了2%。而更为不利的是，在总的资金投入减少的情况下，欧盟将投入重点放在了自身利益密切相关的少数几个地区和议题上。事实上，这一点在欧盟2018年公布的多年期财政框架建议案中就已经有所体现。在新的财政框架中，欧盟明确提出，新一期的对外行动工具在地理上要聚焦欧盟周边、非洲和西巴尔干地区，而在主题上则要重视安全、移民、气候变化和人权等议题。② 与此相呼应，欧盟在具体阐述其对外行动的目标时，突出了周边地区的特殊性和移民、安全等议题的重要性，却未提及减少和消除贫困这一

---

① European Commission, "EU Budget: Making the EU Fit for Its Role as Strong Global Actor", June 14, 2018, http://europa.eu/rapid/press-release_ IP-18-4086_ en. htm.

② European Commission, "Communication from the Commission to the European Parliament, the European Council, the Council, the European Economic and Social Committee and the Committee of the Regions: A Modern Budget for a Union that Protects, Empowers and Defends The Multiannual Financial Framework for 2021-2027", February 2018, p. 18.

第五章　发展援助政策的新动向

欧盟长期以来坚持的目标。[1] 尽管欧盟官员试图以移民和贫困之间的密切联系来表明消除贫困依然是欧盟发展援助的核心目标，但这却依然无法打消对于欧盟过于关注周边地区和移民问题，以致忽视在全球范围内消除贫困问题的担忧。[2] 在像乐施会这样的国际组织看来，欧盟的这种目标设定表明，"（欧盟）成员国正在利用发展援助推行它们自己的议程，比如阻止移民和更多地聚焦于安全问题"[3]。

而对美国来说，特朗普对发展援助鲜明的保守立场在全球范围内引起广泛关注，这对全球发展援助的负面影响可能更加显著一些。虽然美国白宫2018年度和2019年度削减发展援助开支的财政预算案因遭强烈反对而未能付诸实施，但是，特朗普政府体现出来的对发展援助轻视的后

---

[1] European Commission, "Annex to the Communication from the Commission to the European Parliament, the European Council, the Council, the European Economic and Social Committee and the Committee of the Regions: A Modern Budget for a Union that Protects, Empowers and Defends The Multiannual Financial Framework for 2021 – 2027", February 2018, p. 80.

[2] Lili Bayer, "Brussels Defends Development Aid Link to Migration", *Politico*, July 24, 2018, https://www.politico.eu/article/neven-mimica-migration-budget-commissioner-defends-development-aid-link/.

[3] Oxfam, "EU Development and Humanitarian Funding Post – 2020", March 8, 2018, https://www.oxfam.org/en/research/eu-development-and-humanitarian-funding-post – 2020.

果已经形成。① 特朗普关于减少发展援助支出的建议削弱了美国的声望和影响力，而对广大接受援助的发展中国家来说，美国减少发展援助的政策倾向也为它们诸多项目的开展带来很大不确定性，并已经造成一些发展项目实施的减缓和停滞。美国《外交政策》杂志刊登的一篇文章就以非洲为例，详细描述了特朗普减少援助的计划对发展中国家带来的负面影响。该文引用一位肯尼亚外交官的话称，"我们不知道会发生什么，但是，我们担心将会出现援助资金的巨大短缺"。该文警告称，特朗普大幅减少发展援助的计划将会导致撒哈拉南部非洲国家面临的人道主义危机进一步加剧。② 除此之外，特朗普政府公然将发展援助作为威胁受援助国的政策"大棒"，并针对中国打一场发展援助的"影响力战争"的做法③，极大地淡化了发展援助的利他属性。特朗普政府的这种立场，尽管只是体现在

---

① Sally Paxton and James Coe, "Assessing the Impact of President Trump's Foreign Assistance Budget", May 24, 2018, http：//www.publishwhatyoufund.org/assessing-impact-president-trumps-foreign-assistance-budget/.

② TY Mccormick, "Trump's America First Budget Puts Africa Last", *Foreign Policy*, March 22, 2017, https：//foreignpolicy.com/2017/03/22/trumps-america-first-budget-puts-africa-last/.

③ Krishnadev Calamur, "Africa Is the New Front in the U.S.–China Influence War", *The Atlantic*, December 13, 2018, https：//www.theatlantic.com/international/archive/2018/12/trump-national-security-adviser-unveils-new-africa-strategy/578140/.

少数个例上，但在规范层面上已经造成不容低估的恶劣影响。

2020年11月，拜登在美国大选中击败特朗普胜利赢得选举。尽管拜登尚未就美国的援助政策进行专门的阐述，但从其过往对援助的表态和行动上来看，拜登总体对援助持积极态度。虽然有理由对拜登上台后美国的援助政策保持期待，但要在短时间内消除特朗普留下的影响，拜登面前仍有两个重要的挑战需要化解：其一，拜登治下的美国是否有决心和能力拿出更多援助资源仍是未知数。新冠肺炎疫情对美国经济造成了严重的损害。根据美国商务部公布的数据，2020年美国经济萎缩了3.5%。[①] 面对全球援助需求激增的形势，温和的投入增长已经不能满足当前的需求。广大发展中受援国期待拜登治下的美国能够为全球合作应对危机贡献更多的援助资源，而面对政治分裂和经济衰退的国内形势，拜登要想大幅度提高援助金额恐怕会面临不小的阻碍。其二，重建广大发展中国家和国际组织对美国的信任需要时间。特朗普时期的援助政策让广大受援国和接受美国资金的国际组织吃尽了苦头，不仅损害了它们的切身利益，也降低了它们对美国的好感和信

---

① 参见"Gross Domestic Product (Second Estimate) Coporate Profits (Preliminary Estimate) First Quater 2021", Bureau of Economic Analysis, US. Department of Commerce, May 27, 2021, http://www.bea.gov/sites/default/files/2021-05/gdp1q21_2nd.pdf。

任。对于这一点，拜登也十分清楚。他在2020年年初发表在《外交事务》上的一篇文章中就提道："外交需要信用，而特朗普已经粉碎了我们的信用。"① 拜登在竞选期间曾雄心勃勃地表示将重建美国在国际事务中的领导地位，但美国要想发挥这样的作用，就必须重新赢得受援国、国际组织和新兴援助国的信任，而这种关系的重建需要时间。

其次，从援助主体来说，欧盟和美国在发展援助上的停滞甚至后退将会进一步削弱两者在发展援助领域的影响力，从而为新兴援助方发挥更大作用提供空间。当前，新兴援助国和非政府援助部门已经在全球发展援助格局中扮演重要角色，而由于欧盟和美国在发展援助上所出现的问题，可以预计这些国家的角色将会得到进一步凸显。2017年《欧洲新闻》（Euronews）的一篇报道就提出，在美国和欧盟纷纷从发展援助的前沿往后退的背景下，中国面临一个确立其在发展援助领域领导力的绝佳机会。② 而就非政府部门来说，对特朗普试图压缩美国的发展援助预算，

---

① Joseph Biden, "Why America Must Lead Again: Rescuing U. S. Foreign Policy after Trump", *Foreign Affairs*, March/April 2020, https://www.foreignaffairs.com/articles/united-states/2020-01-23/why-america-must-lead-again.

② Asit K. Biswas and Kris Hartley, "View: China Has Opportunity to Become New Leader in International Development", *Euronews*, October 22, 2017, https://www.euronews.com/2017/10/22/view-china-has-tools-and-opportunity-to-become-new-leader-in-international.

以盖茨基金会为代表的非政府机构表示了不满和担忧。比尔·盖茨曾警告说，特朗普政府减少用于发展援助的预算，即使是仅仅1/10的幅度，也可能在未来十年内造成500万人口的死亡。他奉劝特朗普不要减少用于发展援助的开支，在他看来，"保持非洲稳定，维持健康医疗体系可以阻止传染病，并降低我们的军队不得不战斗并牺牲的概率：这些投资即使是在'美国优先'的思想指导下，也是非常非常明智的"①。同时，盖茨也强调，如果特朗普政府真的按照计划减少用于发展援助的资金，他的基金会和其他非政府部门并没有能力填补由此造成的缺口。②

最后，从援助方式来说，欧盟和美国在发展援助上的停步和倒退，将可能使世界官方发展援助更加依赖传统的以项目援助为主的方式，并可能促进新兴援助工具得到更普及的应用。面对资金缺口，欧盟和美国的发展援助政策的决策者将不得不寻求相对更容易衡量和观测，且能够评估成果的实施方式，这样更方便争取到本国的公众支持，也可为他们在

---

① Jamiles Lartey, "Bill and Melinda Gates Urge Trump to Respect People and to not Cut Foreign Aid", *The Guardian*, February 13, 2018, https://www.theguardian.com/world/2018/feb/13/bill-melinda-gates-foundation-trump-budget-foreign-aid.

② Natasha Bach, "Bill Gates Says His Foundation Can't Balance Trump's Cuts to the U. S. Foreign Aid Budget", *Fortune*, September 13, 2017, http://fortune.com/2017/09/13/bill-gates-global-aid-budget-funding-gaps/.

政府内拿到更多资金增加谈判筹码。因此，以项目援助为主的发展援助方式将可能在欧盟和美国的发展援助工具箱中占据更加重要的位置。与此同时，为补充因官方发展援助削减而造成的资金短缺，非官方部门的积极参与和创新性援助方式的应用可能会被提高到一个更高的层次。

2018年10月，美国参议院通过法案，在原有的主导美国海外投资的"海外私人投资公司"的基础上组建"美国国际发展金融公司"（U. S. International Development Finance Corporation）。这一新机构将采用更加灵活的方式，每年向全球提供高达600亿美元的国际开发融资。相比而言，此前的海外私人投资公司的融资规模只有230亿美元。美国国际开发署署长马克·格林（Mark Green）在此后声明中指出，国际发展金融公司的成立将会促进基于市场的和私人部门的发展，刺激欠发达国家的经济增长，并帮助实现美国的外交利益。而对美国国际开发署来说，这一机构可以帮助增加其发展财政工具的多样性，并通过私人部门的作用，来支持正在开展的项目。① 而在海外私人投资公司总裁雷·沃什伯恩（Ray Washburne）看来，新

---

① Mark Green, "U. S. Agency for International Development Administrator Mark Green on the Creation of the U. S. International Development Finance Corporation (USIDFC)," October 3, 2018, https：//www. usaid. gov/news-information/press-releases/oct - 3 - 2018 - administrator-green-statement-creation-usidfc.

机构的成立表明美国将更多通过"务实的方式"（businesslike manner）介入其他国家，而不是仅仅给予援助。①

总之，当前欧盟和美国在发展援助上发生的转变，不仅不利于广大发展中国家的减贫和发展，也会进一步凸显新兴援助国和非政府部门在发展援助中的角色，使得发展援助主体进一步多样化。除此之外，在具体援助方式上，以项目援助为基础的援助方式可能在官方发展援助的范围内得到更大关注和应用，此外，创新性的援助工具将可能获得新的发展契机。

四 结论

在过去的20多年中，全球发展援助的目标、主体和方式均经历了显著的演变过程。总的来说，欧盟是这一变革的积极回应者和参与者，相较而言，美国的态度则较为消极和被动。从政策层面来说，欧盟和美国都对其发展援助的目标做出了调整。其中，欧盟对联合国"千年发展目标"和"2030年可持续发展议程"做出了积极回应，并拓展了发展援助关注的范畴；而美国由于"9·11"事件

---

① Yinka Adegoke, "A New $60 Billion Agency Is the Clearest Sign the US is Worried about China's Africa Influence," October 14, 2018, https：//qz.com/africa/1423506/china-africa-debt-us-will-invest-60-billion-overseas-to-beat-chin-at-development/.

的影响，开始更多地关注全球非传统安全事务，并提升了发展援助在国家对外战略中的地位。对于新兴援助国，欧盟一方面终止了和他们的双边援助项目；另一方面则加强了同它们的协调。美国国内非政府部门的贡献占据了美国发展援助重要的一部分，且由于其传统的独来独往的援助姿态，对于同其他国家的协调不够重视，而对于非政府部门的关注较多。在这一过程中，对"伙伴关系"原则的接受和应用成为美国政府采取的一个主要策略。而在具体的援助方式上，尽管欧盟和美国对于以预算支持为代表的新的援助方式的应用程度均相对较低，但预算支持在欧盟的援助中，不管是绝对规模还是所占比例都远高于美国。这也表明欧盟对发展援助中的创新性方式持更为开放和欢迎的态度。

2016年英国通过公投的方式决定退出欧盟，次年，特朗普宣誓就任美国第45任总统，对欧盟和美国各自的发展援助政策产生了重要的影响。而新冠肺炎疫情作为一个全球性的突发事件，显著改变了欧盟和美国的内外形势，从而对其援助政策造成了冲击。对欧盟来说，这些因素导致欧盟不得不将更多资源用于应对内部问题，使其未来难以大幅增加发展援助资金。作为欧盟发展援助政策的积极拥护者和曾经的引领者，英国的退出将可能造成欧盟发展援助关注的重点从全球转向周边以至于境内，而这一点在欧盟新的2021—2027多年期预算框架中已经有所体现。

对美国来说，特朗普政府对发展援助的轻视，它突出发展援助在实现美国地缘战略利益中的现实主义的态度，造成美国援助政策对环境、教育、性别平等和卫生等议题的忽视，带来美国发展援助结构的调整。拜登上台后着手调整美国的援助政策仍难以在短时间内消除特朗普留下的影响，更难以满足新冠肺炎疫情导致的骤增的援助需求。

在全球层面上，欧盟和美国发展援助所经历的问题可能会妨碍联合国"2030年可持续发展目标"的实现，同时，由于资金的减少和外部压力的增加，对于发展援助的短期收益的强调将会成为决策者关注的重点，这将造成以项目援助为基础的发展援助方式的回归，并将会刺激新的援助方式的更广泛应用。而更重要的是，由于欧盟和美国在全球发展援助中的巨大体量，它们的政策调整将对全球发展援助格局带来深刻的影响：传统援助国过于关注自身利益的实现，会对发展中受援国带来不利影响，并进而会反向造成传统发展援助行为体影响力的削弱。这样，包括中国等新兴经济体和非官方部门在内的援助方角色在未来将变得越来越重要。可以预见的是，欧盟和美国发展援助政策的种种变化，将会加速全球发展援助格局的重塑进程。

第六章　美国重返中东欧

近几年来,中东欧地区的地缘战略重要性日益凸显。一方面,中国在"中国—中东欧国家合作"及"一带一路"建设中,与该地区国家合作的广度与深度不断提升;另一方面,美国将中东欧视为新的地区战略支点,有意将其打造为遏制中俄的战略抓手。在这一背景下,值得探讨研究美国中东欧政策的调整及其对跨大西洋关系的复杂影响。

关于美国与中东欧的关系,目前存在三种观点:第一种是美国从未离开过中东欧,因为美国对北约的军事承诺仍然存在。在可预见的未来,北约仍将是维护跨大西洋安全的核心。在全球安全秩序、地区安全局势迎来新的挑战时,集体安全体系会有重构的可能性,但欧美安全共同体解构的可能性微乎其微。第二种观点认为美国正将加速从欧洲撤离,军事承诺掩盖了政治和外交的转变。美国的政治和外交收缩使欧洲面临冷战以来的最大挑战。费德里加·宾迪（Federiga Bindi）认为特朗普的"撤退"和"美国优先"标志着跨大西洋关系的终结。① 第三种观点认为美国正在重返中东欧，同时与西欧国家日渐疏离。美国重返中东欧是以退为进、突出重点国家和重点领域，是为了更突出美国对欧洲领导权的掌控，特别是在中东欧地区的领导力。美国加强同中东欧国家联系，究竟是美国总统的个体意愿使然，还是美欧关系的一种结构性变化？本章将结合历史进行全面解析。

一 美国重返中东欧的背景与意图

通过全面深入了解美国崛起与发展进程中的地缘环境及其在不同地缘政治演化阶段采取的战略，可以发现中东欧在美国战略地位中的变迁。本节从历史和现实两部分重点梳理美国中东欧政策的演变，窥探中东欧在美国战略中的权重变化以及特朗普政府的中东欧政策转向。

（一）美国中东欧政策的历史演进

美国对中东欧地区的第一项政策始于1918年美国总统伍德罗·威尔逊（Woodrow Wilson）提出的包含"支持

---

① Federiga Bindi, *Europe and America: The End of the Transatlantic Relationship?*, Washington, D. C.: Brookings Institution Press, 2019.

民族自决"内容在内的"十四点计划"①。在部分中东欧国家看来,这是它们建立独立国家的重要前提条件。在"十四点计划"中,美国支持波兰以及其他新兴的中东欧国家建国,美国间接承担它们的安全保障义务。不过过于理想主义的威尔逊主义并未延续太久,第一次世界大战结束后的美国实际上退出欧洲,奉行孤立主义的外交政策。在美国摆脱孤立状态,参加到第二次世界大战的欧洲战事之后,罗斯福与斯大林和丘吉尔携手打造了雅尔塔体系,美国很现实地在这一地缘政治秩序中将中东欧地区视为苏联的势力范围,这是美国尊重苏联在中东欧地区利益的结果。② 也就是说,美国认可中东欧属于苏联的势力范围,默许苏联对"东方集团"的控制,从而换取紧张局势的缓和与战略稳定。

冷战期间,美国国际战略以遏制战略为主,尽管在不

---

① 威尔逊试图塑造一个以规则为基础的世界,建立在美国力量和反映民主价值的新制度。但是目前的欧洲体系仍面临"十四点计划试"图解决的问题,即如何嵌入德国、遏制俄罗斯,并建立共同价值观体系。见 Brendan Simms/Constance Simmns, Wilson's Fourteen Points and Their Consequences for Europe, ASPEN Review, Issue 01, 2018, https://www.aspenreview.com/article/2018/wilsons-fourteen-points-consequences-europe/。

② 沃尔特·李普曼认为美国在主导战后和平的同时,需要保证与其他大国(包括苏联)的协调。参见 Harry C. McPherson, Walter Lippmann and the American Century, Foreign Affairs, Vol. 59, No. 1, 1980, p. 165。

第六章　美国重返中东欧

同历史阶段和不同战略环境中存在不同形态。从第二次世界大战结束到 20 世纪 80 年代，美国对中东欧地区保持相对的战略防御和相持态势。但在 80 年代之后的冷战后期，美国的战略向自由主义加速回归，美国开始重新思考其中东欧政策。比如，20 世纪 80 年代初，美国支持波兰团结工会，掀起了一股强大的社会运动，挑战了中东欧的既有格局。罗纳德·里根（Ronald Reagan）总统将美国外交政策回归到"十四点计划"和《大西洋宪章》的框架之下。里根与威尔逊的观点相似，认为美国的利益和观念价值是不可分割的。老布什（George H. W. Bush）任美国总统期间为中东欧国家转型提供了实质性财政支持，比如 1989 年美国出台《支持东欧民主方案》，鼓励中东欧国家发展其民主制度和市场经济。[①] 其后的比尔·克林顿（Bill Clinton）承诺美国要帮助巩固中东欧国家的民主自由，并搁置了《雅尔塔协议》。在小布什（George W. Bush）总统执政之后，美俄之间关系恶化，美国转向反俄的政策立场。此外，美国延续了此前支持北约和欧盟平行扩大的政策。在美国的战略考量中，最优先考虑的是与其有历史联系的密切盟友保持合作关系。在 2002 年《美国国家安全战略》报告中，美国还强调必须抓住

---

① US Congress HR3307, "The Support for East European Democracy (SEED) Act of 1989", https://trackbill.com/bill/us-congress-house-bill-3307-support-for-east-european-democracy-seed-act-of-1989/215286/.

大国之间没有根本冲突的机遇期，因为这从历史上来说是不寻常的。①

在巴拉克·奥巴马（Barack Obama）总统执政期间，美国战略重心东移，对欧洲关注度有所下降。奥巴马政府实施重返亚太战略，宣告将亚洲作为美国战略的首要对象，认为亚太地区是全球政治的关键驱动力，利用亚洲的增长和活力符合美国的经济和战略核心利益。② 尽管跨大西洋关系在奥巴马执政时期达到了顶峰，比如2014年6月奥巴马宣布"欧洲再担保倡议"（European Reassurance Initiative），美国国会随即批准多年度拨款。但是，奥巴马称美俄关系要"重新定位"，美俄关系需要重启，这在一定程度上却使得中东欧成为美国新全球战略的"牺牲品"③。2009年7月16日，中东欧国家22位著名人士联名向奥巴马政府呼吁美国不要忘记中东欧国家。④ 美国与中东欧国家的关系进入相对疏远的时期。

---

① The White House, "The National Security Strategy", September 2002, https://georgewbush-whitehouse.archives.gov/nsc/nss/2002/.

② 刘卿：《特朗普政府亚太政策及走向》，《国际问题研究》2017年第4期。

③ Nik Hynek, Vit Stritecky, Vladimír Handl and Michal Kořan, "The US-Russian Security 'Reset': Implications for Central-Eastern Europe and Germany", *European Security*, 2009, Vol. 18, No. 3, p. 270.

④ Matthew Rhodes, "Obama and the New 'New Europe'", *The George C. Marshall European Center for Security Studies*, No. 23, November 2012, p. 2.

（二）特朗普政府的政策转向

唐纳德·特朗普在2016—2020年任美国总统期间追求美国优先的战略目标，其中的一个表现是美国与传统欧洲伙伴的关系呈现恶化趋势。但与此同时，美国加强了其与中东欧国家的关系，期望与其建立一种新伙伴关系。这种现象可以初略地归纳为"美国重返中东欧"，意味着美国重新从欧洲边缘地区物色地区新战略支点，力图将中东欧打造为新的地区战略抓手。①

特朗普政府强调国家间战略竞争是美国国家安全的首要忧患，这不同于奥巴马政府对安全威胁的认知，后者认为极端主义和技术的结合、恐怖主义和大规模杀伤性武器的结合是对美国最严重的威胁。特朗普上台后，在提出"印太战略"的同时，美国重新发现了中东欧在其全球战略中的重要性，高层互访的频率与强度得到提升，多个领域的合作不断强化，价值规范输出方式有所转变。② 中东欧地区成为美国应对大国竞争的战略立足点之一。

2017年10月，时任美国国务院欧洲及欧亚事务局助理国务卿的韦斯·米切尔（Wess Mitchell）进一步强调了美国重

---

① 贺之杲：《美国重返中东欧对欧盟战略自主的影响》，《德国研究》，2020年第3期。

② 贺之杲：《美国重返中东欧及其影响》，《国际问题研究》2020年第2期。

返中东欧的构想，宣称美国放弃奥巴马时期的中东欧政策。①在美国的整体对欧战略中，欧盟和西欧国家的地位下降，中东欧的重要性上升。欧盟和西欧国家在一定程度上变成了美国利益的挑战者，是美国需要利用相互依赖中的不对称性与其竞争的行为体，是美国需要进行制衡的对象。而中东欧则是美国"分而治之"欧盟可兹利用的地区。美国布鲁金斯学会的托马斯·怀特（Thomas Wright）认为，特朗普政府的欧洲战略在某种程度上就是远离西欧国家，加深与中东欧国家的接触与合作。② 2017年7月，特朗普担任美国总统后，将波兰作为访问欧洲的首站，并出席了"三海倡议"峰会。2019年6月，美国能源部长里克·佩里（Rick Perry）参加了在斯洛文尼亚召开的"三海倡议"峰会，并重点关注交通、能源和数字领域的互联互通项目。美国国务卿迈克·蓬佩奥（Mike Pompeo）于2019年初访问匈牙利、斯洛伐克和波兰三国。除波兰外，匈牙利和斯洛伐克这两国已多年没有美国高官到访，这一定程度上说明美国高层开始重视与中东欧国家的政治交往。在军

---

① David A. Wemer, "The United States is Back in Central Europe, State Department Official Says", *Atlantic Council*, July 17, 2019, https：//www. atlanticcouncil. org/blogs/new-atlanticist/the-united-states-is-back-in-central-europe-state-department-official-says.

② Thomas Wright, "Trump Is Choosing Eastern Europe", *The Atlantic*, June 6, 2018, https：//www. brookings. edu/opinions/trump-is-choosing-eastern-europe/.

事领域，特朗普政府一方面增加美国在中东欧国家（如罗马尼亚、波兰和波罗的海三国）的军事存在；另一方面要求中东欧国家提高军事经费投入。2020年8月，蓬佩奥访问捷克、斯洛文尼亚、奥地利、波兰四国，进一步说明中东欧地区在美国战略布局中的重要性。2020年9月底至10月初，蓬佩奥又访问希腊、克罗地亚等国，希望离间中国与中东欧国家的合作，但并未达到其预期目的。① 美国期望改变自己在该地区存在感低的现状，意图以此来撬动大国战略博弈。政治访问也是特朗普政府对世界舆论关于美国缺乏有力参与该地区事务的一种回应。

总的看来，在美国政治体系中，新一届政府上台，可能采取与上任政府有差异的政策路线，特别是当总统来自不同的政党。比如说，在特朗普上台后，2017年《美国国家安全战略》报告强调更强硬的权力形式，敦促美国在竞争激烈的世界中获取关键资源。这不同于2015年奥巴马政府出台的《国家安全战略》报告里所强调的"国家之间的力量更具活力，权力正在向民族国家的下方和上部转移"②。拜登上台后，美国重返中东欧的战略也许会保持一定的延续性，但其侧重点可能有所变化。美国对欧洲的外

---

① 赵嘉政：《兜售"中国威胁"，蓬佩奥访欧遇冷不足怪》，《光明日报》2020年10月10日。
② The White House, "National Security Strategy", February 2015, https：//obamawhitehouse.archives.gov/sites/default/files/docs/2015_national_security_strategy_2.pd.

交战略有可能会从拉拢中东欧，转移到修复与西欧国家的关系，从重返中东欧调整为美欧协调。但是，从地缘政治视角来看，中东欧地区的重要意义一直不容忽视，无论民主党，还是共和党治下的美国政府均对此有较深的认识，区别也许仅仅在于它们在处理方式上的差异。

二 中东欧国家的态度和立场

中东欧地区是一个遍布小国的多元地区，它们对美国的重返和大国竞争有各种各样的反应。从整体来看，特朗普的跨大西洋政策对中东欧国家产生了三种影响，可分别归纳为撒旦效应（Antichrist Effect）、摄政效应（Regency Effect）和救世主效应（Messiah Effect）。[①] 具体而言，爱沙尼亚和斯洛文尼亚同法国和德国等西欧国家一道属于第一组，它们认为特朗普是威胁西方自由主义价值观的"撒旦"人物；第二组国家包括保加利亚、克罗地亚、拉脱维亚、立陶宛、罗马尼亚和斯洛伐克，它们希望特朗普的行动受到制度约束，让跨大西洋传统联系继续保持完整；第

---

① Jeremy Shapiro and Dina Pardijs, "The Transaltantic Meaning of Donald Trump: A US-EU Power Audit", *European Council on Foreign Relations*, September 21, 2017, https://www.ecfr.eu/publications/summary/the_ transatlantic_ meaning_ of_ donald_ trump_ a_ us_ eu_ power_ audit7229.

三组国家被认为是欧洲的"特朗普特使",其中包括捷克总理安德烈·巴比什(Andrej Babis)、匈牙利总理维克多·欧尔班(Viktor Orbán)以及波兰执政党法律与公正党(PiS),他们支持特朗普带有民粹色彩的民族主义言论和反移民政策(见表6-1)。

表6-1 中东欧国家对美国重返的策略及"美国效应"的影响

效应	中东欧国家	策略
撒旦效应	爱沙尼亚、斯洛文尼亚	制衡
摄政效应	保加利亚、克罗地亚、拉脱维亚、立陶宛、罗马尼亚、斯洛伐克	对冲
救世主效应	捷克、匈牙利和波兰	追随

资料来源:笔者自制,基于Jeremy Shapiro and Dina Pardijs(2017)。

但总体上,美国重返中东欧为中东欧国家提供了一个新的进行战略选择的机会窗口。欧盟自2017年来,开始强调欧洲自己的"战略自主",但一些中东欧国家对以布鲁塞尔、柏林和巴黎为中心的西欧力量和承诺并非完全信服,美国对中东欧地区的关注成为它们自认为可以加以利用,实现自己国家利益最大化和增加战略依赖的另一支力量。中东欧地区各国的力量也比较分散,波兰等主导国家无法为本地区国家提供足够的公共产品,也无法满足中东欧国家多样化需求的实现,这也导致中东欧国家的政策诉求更加多元。中东欧国家或追随,或采取平衡策略,或对冲现有体系中的强者,目的都是在一个动荡的地区环境中保卫自己的国家安全和实现自身的诉求。

目前来看，中东欧国家在安全上依赖美国及北约，在经济上依赖欧盟。中东欧国家从北约获得集体安全。大多数中东欧国家倾向于将其与美国的双边关系视为其安全和政治自主的基础，比如波兰对美国和北约框架的政治忠诚度高于对欧盟的政治忠诚度，波兰支持大多数欧洲倡议是为了提高北约共同防御能力。因此，在波兰看来，欧洲战略自主是属于跨大西洋关系的范畴。再比如，波罗的海国家强大的跨大西洋主义倾向可能促使其对削弱跨大西洋联系和欧洲国防工业的一体化持谨慎态度，爱沙尼亚国防部长尤里·路易克（Jüri Luik）和立陶宛国防部长雷蒙达斯·卡罗布利斯（Raimundas Karoblis）均认为俄罗斯是严重的安全威胁，也是唯一的外部生存威胁，赞扬北约为保护波罗的海国家免受俄罗斯攻击而作出的努力。[1]

此外，根据斯德哥尔摩和平研究所（SIPRI）的数据显示，中东欧国家的军费开支近年来都呈现不同幅度的增长，波兰、罗马尼亚、捷克、匈牙利和斯洛伐克军费支出较高，波罗的海三国、罗马尼亚、保加利亚和波兰等国军

---

[1] David A. Wemer, "The US should Not See Europe as a Competitor, Latvian Prime Minister Argues", *Atlantic Council*, July 11, 2019, https://www.atlanticcouncil.org/blogs/new-atlanticist/the-us-should-not-see-europe-as-a-competitor-latvian-prime-minister-argues/.

费支出占国家政府开支的比重较高。爱沙尼亚、拉脱维亚、立陶宛、波兰、保加利亚和罗马尼亚等国已实现北约威尔士峰会要求的将GDP的2%用于国防开支的目标（见表6-2）。① 但是，中东欧国家军费主要是在北约框架下的支出。中东欧国家认为美国对俄罗斯的政策要比欧盟更现实、明确和一致，与美国的紧密联盟将有助于保护中东欧国家免受俄罗斯的压力。同时，一些中东欧国家认为欧盟的防务政策前后矛盾，且在关键的能力建设上投入不足，甚至还有中东欧国家认为欧盟战略自主会将本国安全置于危险之中。美国重返中东欧促使部分中东欧国家更加积极投向北约安全架构，这反过来造成欧盟安全防卫建设碎片化，可能会削弱欧洲的行动力。

表6-2　　中东欧国家2014—2018年军费支出　　单位：百万美元

国家	2014年	2015年	2016年	2017年	2018年
保加利亚	835.7	660.8	755.4	824.2	1095.6
克罗地亚	906.6	753.5	702.0	784.3	889.5
捷克	2022.9	1779.9	1954.9	2077.7	2710.0
爱沙尼亚	512.1	463.6	497.7	537.4	618.5
匈牙利	1209.8	1132.5	1288.7	1463.0	1642.3

① NATO, "Defence Expenditure of NATO Countries (2011 – 2018)", *NATO Press Release*, March 14, 2019, https：//www.nato.int/nato_static_fl2014/assets/pdf/pdf_2019_03/190314-pr2018-34-eng.pdf.

续表

国家	2014年	2015年	2016年	2017年	2018年
拉脱维亚	295.7	282.7	406.9	509.4	679.9
立陶宛	426.9	471.2	635.4	812.1	1030.4
波兰	10345.2	10212.8	9164.2	9870.7	11596.2
罗马尼亚	2691.5	2580.6	2644.2	3622.1	4608.7
斯洛伐克	997.7	985.9	1003.0	1049.1	1280.6
斯洛文尼亚	486.2	400.8	449.2	473.8	529.5

资料来源：斯德哥尔摩国际和平研究所（Stockholm International Peace Research Institute, 2019, https://www.sipri.org/sites/default/files/SIPRI-Milex-data-1949-2019.xlsx)。

在经济方面，中东欧国家自冷战结束后已深度融入欧盟单一市场，欧盟的结构基金和来自西欧国家的投资也是这些国家的主要外资来源。21世纪的前二十年，中东欧地区的经济增长速度超过欧盟和欧元区平均增速，这在很大程度上受益于欧盟的支持。从经贸数据来看，中东欧国家在欧盟内部的贸易量近几年普遍呈现上升趋势，但只有波兰、匈牙利、捷克、斯洛伐克和斯洛文尼亚保持贸易盈余，其他国家仍处于逆差状态，它们对德国等西欧国家依然存在结构性依赖问题。由于处在欧盟产业链和价值链的低端，中东欧国家面临着严重的追赶和趋同压力（见表6-3）。这种状况促使中东欧国家一直努力寻求包括美国在内的外部市场和来自欧盟以外的投资来源。

与西欧国家相比，美国不是中东欧国家贸易伙伴和投资的主要对象国。但近几年，美国加大了与中东欧国家之间的经贸往来。美国统计局的数据显示，2019年美国与中东欧国家（17国）的货物贸易额是近几年的高值，与2016年的数据相比，双边贸易额增幅较大，呈增长态势。比如美波贸易额从95.9亿美元（2016年）增长到143.4亿美元（2019年），美捷贸易额从2016年的63.7亿美元（2016年）增长到83.3亿美元（2019年），美斯贸易额从2016年的28.2亿美元（2016年）增长到55.4亿美元（2019年）（见表6-4）。① 然而，特朗普时期美国与欧盟的贸易摩擦也进一步干扰到中东欧国家这些边缘欧洲国家同以德法为代表的核心欧洲之间的关系，令中东欧国家对布鲁塞尔心生不满。

表6-3　　　　　中东欧国家在欧盟内的贸易平衡　　　单位：百万欧元

贸易对象	2015年	2016年	2017年	2018年
欧盟	60379.1	49387.1	47869.2	55984.6
保加利亚	-2204.7	-1438.7	-1842.6	-1333.1
捷克	15821.1	17067.2	18526.4	20338.0
爱沙尼亚	-1965.3	-2203.4	-2635.8	-2510.3
克罗地亚	-6736.2	-7003.6	-7938.4	-8478.6
拉脱维亚	-3061.7	-2977.4	-3678.2	-3637.3
立陶宛	-3424.6	-4142.2	-4727.4	-4905.9
匈牙利	6705.1	7064.7	7799.2	8027.2
波兰	10184.0	9168.8	9883.2	12397.5

---

① Census, "U. S. Trade in Goods by Country", https：//www.census.gov/foreign-trade/balance/index.html#A.

续表

贸易对象	2015 年	2016 年	2017 年	2018 年
罗马尼亚	-9150.4	-9823.7	-10667.3	-11027.8
斯洛文尼亚	2862.7	2638.0	3417.2	4299.8
斯洛伐克	3346.6	2536.6	2755.0	2258.5
希腊	-8923.9	-9668.1	-10625.0	-10573.3

资料来源：Eurostat, 2019, https://ec.europa.eu/eurostat/databrowser/view/tet00011/default/table?lang=en。

表6-4　　　　美国与中东欧国家货物贸易额　　单位：百万美元

国家	2016 年	2017 年	2018 年	2019 年
波兰	9594.45173	11626.54597	13388.47716	14344.45617
捷克	6366.470907	6862.739574	8003.772922	8329.999744
斯洛伐克	2819.542924	3490.560206	4452.222843	5542.036605
匈牙利	7179.657924	6966.918536	6824.465807	7231.456208
罗马尼亚	2659.30887	3151.833635	3724.238188	3326.184036
保加利亚	872.687426	1040.264892	1356.063891	1373.044564
克罗地亚	801.140591	882.881241	1080.933797	1261.552124
斯洛文尼亚	1083.566857	1132.00471	1168.370553	1308.486121
爱沙尼亚	1257.670637	878.424791	1299.610698	1412.021484
拉脱维亚	610.837545	834.487107	1236.780176	1356.383129
立陶宛	1647.473488	2106.350956	1974.379262	2033.189506

资料来源：Census, "U. S. Trade in Goods by Country", https://www.census.gov/foreign-trade/balance/index.html#A。

从能源议题来看，容克任主席的2015—2019年欧盟委员会致力于建设欧盟能源联盟，帮助成员国实现能源多样化。2019年年底上任的冯德莱恩委员会强调欧洲绿色战略

第六章　美国重返中东欧

是优先施政议题之一,致力于推动实施"欧洲绿色协议"和"绿色新政"。但是欧盟成员国多为能源净进口国,其中石油进口占比为87.7%,天然气进口占比为70.4%。中东欧国家能源生产能力更弱,可再生能源在能源结构中的比重偏低,并且单位能源消耗量较高,所以大量依赖能源进口。考虑到俄罗斯是欧洲最大的能源进口国,为了避免对俄罗斯的过度依赖,中东欧国家努力寻求其他途径,以降低对俄罗斯在石油和天然气领域的进口依赖。最明显的例子是波兰总统安德烈·杜达和克罗地亚总统科林达·格拉巴尔–基塔罗维奇(Kolinda Grabar-Kitarovic)于2015年发起的"三海倡议",旨在加强中东欧国家能源、基础设施和数字领域合作的平台。"三海倡议"已成为美国与部分中东欧国家加强能源等诸多议题合作的重要平台。不少中东欧国家与特朗普治下的美国能源战略的一致性较高,例如波兰和立陶宛也将液化天然气视为国家安全战略的一部分。[1] 2018年,波兰与美国签署为期24年的液化天然气进口合同。2018年9月,时任美国国务卿蓬佩奥会见了克罗地亚外交和欧洲事务部长玛利亚·佩伊契诺维奇·布里奇(Marija Pejčinović Burić),双方讨论了中东欧地区的能源多样化等问题,包括克罗地亚为

---

[1] Michal Bokša, "The United States and its New Allies in Europe", *Georgetown Journal of International Affairs*, July 15, 2019, https://www.georgetownjournalofinternationalaffairs.org/online-edition/2019/7/14/the-united-states-and-its-new-allies-in-europe.

进口液化天然气建造浮式储存气化装置的计划。

特朗普政府将能源安全和能源出口作为美国经济安全和繁荣的重要支柱，中东欧地区是其页岩气和页岩油的重点开发市场。但美国加大与中东欧国家的能源合作损害了欧盟能源联盟的建设，不利于欧洲各国能源政策的协调。比如，在2019年12月的欧盟峰会上，波兰成为唯一拒绝签署欧盟《绿色协议》的成员国，部分中东欧国家对欧盟2050年实现"碳中和"的目标也持不同意见。① 此外，美国通过《国防授权法案》对德国同俄罗斯共建的"北溪2号"天然气管道项目实施制裁②，得到波兰等原有俄气东输管道途经国家的拥护。美国和这些中东欧国家认为"北溪2号"项目会加深欧洲对俄罗斯能源的依赖，但它们之间在此问题上的一致立场却导致它们各自同德国间的矛盾深化。

欧洲一体化被视为欧洲大陆实现和平与更好生活水平的典范工程，中东欧国家在冷战结束后一心加入欧盟，融入这一进程之中，希望以此现和平与经济繁荣。但近年来

---

① Eamon Barrett, "The European Commission President Announced a European Green Deal, Targeting a Carbon Neutral EU by 2050", *FORTUNE*, December 12, 2019, https://fortune.com/2019/12/12/european-green-deal-man-on-the-moon/.

② U. S. Department of State, "Fact Sheet on U. S. Opposition to Nord Stream 2", *Bureau of Energy Resources*, December 27, 2019, https://www.state.gov/fact-sheet-on-u-s-opposition-to-nord-stream-2/.

第六章 美国重返中东欧

欧洲一体化遭遇了种种挫折，中东欧国家民众对欧盟的感观开始有所下降。根据欧洲知名智库欧洲对外关系委员会2019年5月出台的调查报告，尽管近年来维谢格拉德四国与欧盟的经济联系、政策整合、资金获取等方面都呈增强趋势，但民众对欧洲事务的参与、对欧洲一体化的热情度和期望却呈下降趋势。① 欧盟新老成员国在经济发展水平、政治理念倾向和社会文化特点方面都有很大差异，在欧盟努力寻找自己的身份和全球角色的同时，欧盟成员国表现出不同的国家优先事项。

美国重返中东欧进一步深化了欧盟价值规范的内部分裂。相比于西欧地区，中东欧地区更容易滋生民粹主义及保护主义思想和力量。中东欧国家的世俗化程度更低，宗教更加保守，对外来移民的态度相对苛刻和严厉，经济发展水平也更低一些。特朗普复兴民族主义的说法和举措进一步强化了这一地区的欧盟成员国的主权概念和再国家化进程②，刺激这些国家在欧盟内部追求单边行

---

① Oľga Gyárfášová, "European Cohesion and the Visegrad Group: The Importance of Hearts and Minds", *European Council on Foreign Relations*, May 29, 2019, https://www.ecfr.eu/article/commentary_european_cohesion_visegrad_group_importance_of_hearts_minds.

② Gideon Rachman, "Donald Trump Leads a Global Revival of Nationalism", June 25, 2018, https://www.ft.com/content/59a37a38-7857-11e8-8e67-1e1a0846c475.

动。特朗普政府的"欧洲战略"① 将战略重点从西欧转向东南欧,对欧盟间接起到了分化和打击的作用。尽管美国强调在与俄罗斯和中国战略竞争中欧洲是其盟友,美国与欧洲应保持基于价值观和战略选择基础上的接触,但中东欧国家等欧洲边缘国家显然更为特朗普政府所青睐。同时,欧盟的模式也面临着美国单边主义政策及其他大国发展模式的竞争。一方面,欧盟要坚持多边主义、相互依存与以制度主义为基础的基本价值取向;另一方面,大国竞争的挑战又需要欧盟认真对待其地缘政治困境,但在现实之中,欧盟正在失去其发挥领导作用的能力和吸引力。

总体来看,跨大西洋地区是远比我们想象的更为脆弱和有争议的政治空间。② 美国更支持中东欧国家的保守的价值观,这扩大了核心欧洲与边缘欧洲在价值理念、社会模式的分歧,助长了部分中东欧国家的威权政治倾向,削弱了欧盟内部团结。美国重返中东欧也与中东欧国家密不可分。一些中东欧国家与布鲁塞尔存在错位思维,一方面

---

① A. Wess Mitchell, "The Transatlantic Bond: Preserving the West", June 5, 2018, The Heritage Foundation, https://www.heritage.org/europe/event/the-transatlantic-bond-preserving-the-west.

② Paul Staniland, "Misreading the 'Liberal Order': Why We Need New Thinking in American Foreign Policy", *LAWFARE*, July 29, 2018, https://www.lawfareblog.com/misreading-liberal-order-why-we-need-new-thinking-american-foreign-policy.

第六章　美国重返中东欧

它们认为在欧盟的地位和话语权不够重要;另一方面其民众又认可欧洲议会的运作,对其的认可度普遍高于本国议会①;一方面中东欧国家认可归属欧盟之中对本国有利;另一方面以波兰、匈牙利为代表的一些中东欧国家又在司法改革、难民政策和媒体管控等议题上与欧盟持不同意见②;一方面它们不希望改变既有的融入欧洲一体化的路径;另一方面它们又主动寻求与域外国家合作。在左右思量之下,一些中东欧国家内带有民粹性质的政党就将来自特朗普的政治督促作为与美国拉近关系、维护自身利益并与欧盟机构和西欧大国讨价还价的筹码。③ 皮尤研究中心2017年的民调显示,波兰和匈牙利属于欧盟中对特朗普相对友好的国家。④ 而恰恰近年来与欧盟的政治分歧最大的两个国家也就是波兰和匈牙利。比如,

---

① Eurobarometer 92, "Public Opinion in the European Union, Autumn 2019", https：//ec. europa. eu/commfrontoffice/publicopinion/index. cfm/survey/getsurveydetail/instruments/standard/surveyky/225.

② 张朋辉、于洋:《欧洲"东西裂痕"持续加深》,《人民日报》2020年1月23日。

③ 崔洪建:《压迫式交易:特朗普政府对欧政策分析》,载《解码特朗普外交》,复旦大学美国研究中心研究报告,2019年1月。

④ "Trump Unpopular Worldwide, American Image Suffers", *Pew Research Center*, June 26, 2017, https：//www. pewresearch. org/global/2017/06/26/u-s-image-suffers-as-publics-around-world-question-trumps-leadership/.

2020年1月，欧洲议会经投票表决通过决议，要求对波兰和匈牙利继续执行欧盟《里斯本条约》第七条"惩罚条款"。

三 欧盟战略自主面临美国重返中东欧的冲击

第二次世界大战以来，欧洲一体化取得了令人瞩目的成就。除了欧洲国家自身努力之外，美国的战略支持也极为重要。尽管美国与欧洲一直有不同的利益和优先事项，跨大西洋关系经常受到经济竞争和政治争议的影响，但从杜鲁门、艾森豪威尔到奥巴马，几乎历任美国政府均支持欧洲一体化进程。[①] 在持自由主义立场的美国看来，一个强大、繁荣和统一的欧洲是美国维持其战后霸权秩序的有力伙伴。但是，特朗普的美国优先外交政策给包括美欧关系在内的大国关系造成巨大冲击。特朗普政府对欧洲一体化的态度发生变化，美国对多边合作以及欧盟持批判和负面态度，甚至要破坏欧洲一体化进

---

① Geir Lundestad, *"Empire" by Integration, The United States and European Integration, 1945–1997*, Oxford: Oxford University Press, 1998, p.4. 唯一的例外是尼克松出于经济原因对欧洲一体化不冷不热，但尼克松政府也意识到欧洲一体化对维护欧洲大陆的稳定与和平，以及保持其经济福祉至关重要。参见 Winfried Loth, *Building Europe: A History of European Unification*, Berlin and Boston: De Gruyter and Oldenbourg, 2015, p.214。

程，令欧盟和法德等欧盟核心国家不安。特朗普的前安全事务顾问约翰·博尔顿（John Bolton）明言，欧洲一体化伤害了北约，因为它是一种多边主义构想，并带有明显的"反美主义"，削弱了美国的主权。① 特朗普的前首席战略家史蒂夫·班农（Steve Bannon）认为美国应设法提振欧洲右翼民粹主义。前美国国务卿蓬佩奥主张在欧盟内部制造更多的分裂。② 特朗普明确表示欧盟是一个日益变强的竞争对手。③

特朗普轻视欧盟是欧盟提出"战略自主"的一个重要外因。理论上的"战略自主"④ 是指一国在追求国家利益和实行符合自己偏好的外交政策过程中，拥有不受任何其他国家限制的能力。狭义的战略自主仅限于军事和防务领域，

---

① Richard Gowan, "John Bolton: Don't Mention the Norms", *European Council on Foreign Relations*, March 23, 2018, https://www.ecfr.eu/article/commentary_john_bolton_dont_mention_the_norms.

② Natalie Nougayrède, "Why Trump and His Team Want to Wipe out the EU", *The Guardian*, February 15, 2019, https://www.theguardian.com/commentisfree/2019/feb/18/trump-pompeo-bolton-eu-eastern-european-states.

③ Cat Contiguglia, "Trump: EU is One of United States' Biggest Foes", *POLITICO*, July 15, 2018, https://www.politico.eu/article/donald-trump-putin-russia-europe-one-of-united-states-biggest-foes/.

④ 目前，欧洲学界和政界对欧盟战略自主包括三个说法，分别是战略自主（strategic autonomy）、战略主权（strategic sovereignty）和欧洲主权（European Sovereignty）。这三个说法在本书中是相通的。

而广义的战略自主包括更广泛的外交和安全政策议题。战略自主是每个国际行为体追求的目标，但大多数行为体不太可能拥有完全的战略自主。因此，战略自主是一个关系性和程度概念，在某种意义上与他者相关。这个他者可能是盟友，可能是竞争对手，也可能是敌人。也就是说，只有在存在他者的情况下，这个概念才有意义。同时，战略自主不是战略目标，而是保护和促进行为体价值和利益的手段。所以，战略自主不是孤立主义，更不是拒绝合作。

战略自主是国际行为体拥有的权力和在特定时空背景下形成的国际体系结构的函数。德国科学与政治基金会（SWP）的研究将战略自主定义为两个维度：一是行为体有能力在外交政策和安全领域明确自己的优先事项并作出相对独立的决策；二是行为体拥有制度、物质和政治手段来实现自身目标和执行自己的决策。① 欧洲对外关系委员会（ECFR）将战略主权区分为三大领域：经济和金融（包括美元在金融市场的主导地位、次级制裁、缺乏投资透明度、人工智能等），安全和防务（包括俄罗斯的威胁、美国安全保证的不确定性、混合战争威胁等），政治和外交（包括多边国际秩序的脆弱、欧洲边缘地区的不稳定和

---

① Barbara Lippert, Nicolar von Ondarza and Volker Perthes, "European Strategic Autonomy: Actors, Issues, Conflicts of Interests", *SWP Research Paper*, March 2019, https://www.swp-berlin.org/fileadmin/contents/products/research_ papers/2019RP04_ lpt_ orz_ prt_ web.pdf.

多边主义的挑战等）。① 欧盟委员会前主席容克在 2018 年《盟情咨文》中提道："地缘政治形势的变化预示着'欧洲主权（European Sovereignty）时刻'的到来。"欧洲必须成为国际关系中更具主权色彩的行动者。② 法国总统马克龙强调法德的新职责是增强欧洲主权，以便能够在塑造全球事务中发挥作用。③ 德国总理默克尔在 2017 年承认"我们完全依靠他人的时代已经结束，欧洲人必须把命运掌握在自己手中"④。尽管法德对战略自主的认知存在差异⑤，但欧盟委员会主席冯德莱恩强调新一届欧盟委员会是"注

---

① Mark Leonard and Jeremy Shapiro, "Strategic Sovereignty: How Europe Can Regain the Capacity to Act", *European Council on Foreign Relations*, June 25, 2019, https://www.ecfr.eu/publications/summary/strategic_sovereignty_how_europe_can_regain_the_capacity_to_act.

② Jean-Claude Juncker, "State of the Union 2018: The Hour of European Sovereignty", European Commission, September 12, 2018, https://ec.europa.eu/commission/news/state-union–2018–hour-european-sovereignty–2018–sep–12_en.

③ "Strengthening European Sovereignty", November 19, 2018, https://www.gouvernement.fr/en/strengthening-european-sovereignty.

④ Jon Henley, "Merkel Says EU Cannot Completely Rely on US and Britain any More", *The Guardian*, May 28, 2018, https://www.theguardian.com/world/2017/may/28/merkel-says-eu-cannot-completely-rely-on-us-and-britain-any-more-g7–talks.

⑤ Detlef Puhl, "*Strategic Autonomy for Europe, Can Berlin and Paris Agree?*", *Security Policy Working Paper*, Federal Academy for Security Policy, No. 8, 2018, p. 2.

重地缘政治的委员会"①，对"地缘政治"的强调说明欧盟正在呼吁成员国战略觉醒，走向战略自主。

在一个大国博弈的世界里，欧洲各国较小的体量决定了它们只有集体行动才可使欧洲成为地缘政治竞争的参与者。欧盟强调战略自主，是要为欧洲外交政策建立一个混合治理体系，更好地整合和利用所有形式的欧洲影响力，从而提高成员国在互动过程中的独立性和讨价还价的能力。从外部来看，特朗普渲染的大国竞争和地缘战略回归气氛，使得欧盟需要更大的战略自主魄力，去承担更大的防卫责任和应对各种外部威胁。从内部来看，欧盟内部高度分散的权力结构意味着如果不具备团结精神，它就无法与全球性大国竞争。欧盟成员国利益诉求的多样性、疑欧政党的快速崛起、差异性一体化趋势增强等欧盟治理困境②都促使欧盟寄望于加强战略自主来凝聚共识。

特朗普的美国优先政策带来反全球化、民粹主义、保护主义、单边主义的抬头。在欧洲，美国重返中东欧会导致中东欧国家与欧盟及西欧国家的分歧加大。尽管欧盟表

---

① Marius Müller-Hennig, "A Truly Geopolitical EU Commission?", *International Politics and Society*, December 4, 2019, https：//www.ips-journal.eu/regions/europe/article/show/a-truly-geopolitical-eu-commission-3918/.

② 贺之杲：《多重危机下的欧盟治理困境分析》，《德国研究》2018年第1期。

示愿意自行解决多重危机，但美国更具侵略性的外交方式加剧了欧洲的分裂，美国采取分而治之战略的假设：一个强大的欧盟是美国的竞争对手。美国利用并深化欧盟内部的矛盾，有碍于欧盟发挥全球影响力，不利于欧洲一体化进程。中东欧国家成为美国制衡欧盟（特别是法德领导权）的一支重要力量。美国重返中东欧挑战了欧盟的战略自主地位。

美国重返中东欧对欧盟战略自主的主要挑战是在安全领域，毕竟跨大西洋关系的核心是安全和防务政策。进入21世纪，欧盟开始重视安全和防务领域的战略自主。2009年的《里斯本条约》规定欧盟需逐步建立共同防卫政策。2017年12月，欧盟批准了由25个成员国签署的防务领域的"永久结构性合作"（PESCO）机制，共同发展防务能力、投资防务项目，履行定期增加国防预算的承诺等。[①] 欧盟的中东欧成员国已全部加入"永久结构性合作"机制，该机制并未要求成员国让渡防务主权。此外，欧盟还设置了欧洲防务基金，主要分为研究和开发两项。2017—2020年，两项分别获得9000万欧元和20亿欧元的资助。在2021—2027多年度财务框架中，欧洲防务基金约130亿欧

---

① European Union External Action, "A Stronger EU on Security and Defence", November 19, 2018, https：//eeas.europa.eu/headquarters/headquarters-homepage _ en/35285/Towards% 20a% 20stronger% 20EU% 20on% 20security% 20and% 20defence.

元，其中研究预算约41亿欧元，开发经费约89亿欧元，由欧盟与成员国共同资助。① 随着欧洲边缘地区的地缘不稳定，特别是在格鲁吉亚战争和乌克兰危机以来，传统安全威胁重新成为欧洲安全的核心议题。欧盟的优先事项是独立承担危机管理和解决冲突任务的能力。从中期来看，欧盟还需增强保护其领土和成员国完整性的能力。

但是，欧洲自身安全机制并不成熟，北约仍是欧洲安全的主要保障框架。② 美国的战略调整增加了欧洲安全的危机与威胁。相比于相互确保彼此安全承诺的联盟，当前的同盟关系更多的是美国为盟友提供安全保障，盟友支持美国的主导地位，形成一个等级制的同盟体系或国际次体系。美国对欧洲安全的直接承诺可分为三类：（1）为北约提供直接资金，包括共同采购；（2）美国在欧洲保持军事存在的成本，包括实施其"欧洲威慑倡议"的行动成本；（3）美国对外军事援助。根据英国国际战略研究所（IISS）2018年的统计，美国在北约和欧洲防务方面的支出为300多亿美元，仅占美国国防预算的5%左右，但欧

---

① European Commission, "EU Budget for the Future", June 13, 2018, https://ec.europa.eu/commission/sites/beta-political/files/budget-may2018-eu-defence-fund_en_0.pdf.

② 北约是冷战的产物，但并未随着冷战的结束而消失。冷战后，北约积极战略调整动向，适应国际格局的变迁和欧洲地区格局的转变。进入21世纪，北约不仅是一个建立在集体防卫原则基础上的区域安全组织，还通过政治合作来补充在安全问题上的共同努力。

洲为北约的贡献更少，约200多亿美元。① 继美国和德国军费分摊和其他安全议题存在紧张关系之后，特朗普曾计划2020年9月从德国撤出9500名美军。但是，美国将部分军队从德国转移到波兰，并在波兰和罗马尼亚设立军事基地等行为，这可能会违背北约与俄罗斯于1997年签署的"建立相互关系、合作与安全法案"（俄罗斯—北约成立法）。② 特朗普政府一方面在德国撤军和减少其军事保障；另一方面在东欧积极建立防御系统和强化在欧洲的军事存在，实际上在欧洲—大西洋地区制造更多的分裂。但是美国政策调整促使德国不得不加紧欧洲防务一体化的构建步伐。

四 拜登政府的中东欧政策及其影响

欧美关系在特朗普担任总统期间跌入低谷，跨大西洋关系的基石受到侵蚀。但是中东欧国家却从中明显受益，它们同美国在军事、外交、能源等领域的合作得到强化。

---

① Lucie Béraud-Sudreau and Nick Childs, "The US and Its NATO Allies: Costs and Value", IISS, July 9, 2018, https://www.iiss.org/blogs/military-balance/2018/07/us-and-nato-allies-costs-and-value.

② "Founding Act on Mutual Relations, Cooperation and Security Between NATO and the Russian Federation", May 27, 1997, https://www.nato.int/nrc-website/media/59451/1997_nato_russia_founding_act.pdf.

乔·拜登（Joe Biden）上台后，其执政风格同特朗普截然不同，美国的单边主义政策和由其引发的战略不确定性在很大程度上将按下暂停键，拜登将转向多边参与和对自由民主价值的承诺。但拜登政府仍将以处理内部事务为战略优先事项，美国内部的麻烦不断，如控制疫情、恢复和重振经济、弥合国内社会的巨大分歧等都要高于外交，特别是2020年开始的新冠肺炎疫情加剧了美国经济社会不平等和社会分化，特朗普激发的政治两极分化趋势也难以在短期内遭到遏制。同时，拜登政府领导下的美国外交政策恐怕也会有奥巴马的痕迹，美国预计将更加关注亚太地区，加强与欧洲传统盟友的纽带关联度。

中东欧地区估计仍将是拜登政府的工作重点之一，美国的马歇尔基金会2020年年底发布的报告即称中东欧地区依然重要，如果美国限制中国的全球影响力，就不能将精力仅集中在亚太地区。①在中东欧议题上，拜登政府对中东欧国家的政策和态度可以预期将会继续保持一定程度的连续性。从安全议题来看，拜登政府会将北约重新置于美国战略的核心，督促欧洲国家增加国防开支，包括中东欧国家在内的欧洲将不得不在北约内部承担更大的军事责

---

① Daniel Hegedüs, "Why Central and Eastern Europe Will Matter for the Biden Administration", GMF, November 23, 2020, https://www.gmfus.org/blog/2020/11/23/why-central-and-eastern-europe-will-matter-biden-administration.

任。由于大部分中东欧国家是北约成员国，严重依赖美国的安全保护，美国在这些国家的杠杆作用会更强。作为特朗普政府在欧洲的战略支点，波兰可能对拜登上台略感失望。但是，波兰的首要任务依然是维持并强化与美国的安全和防务合作。① 波兰总统安德烈·杜达于2020年11月9日批准了《增强国防合作协定》（the Enhanced Defense Cooperation Agreement）②，这一方面意味着驻波美军数量将会进一步增加；另一方面也试图以制度保证波美关系不受美国政府更替的影响。同时，拜登也曾是波兰加入北约的有力支持者之一，他也是"欧洲安全保证倡议"③的构建者之一。

在经贸议题上来看，特朗普关于美国在世界市场上受到不公平待遇的抱怨也是美国民主党的诉求之一。拜登在

---

① Michal Baranowski and Marta Prochwicz-Jazowska, "With a Biden Administration, Poland Expects Continuity in Security and a Return of Democracy", GMF, November 16, 2020, https：//www.gmfus.org/blog/2020/11/16/biden-administration-poland-expects-continuity-security-and-return-democracy.

② "President Ratifies Polish-US Defence Cooperation Agreement, Prezydent.pl", November 9, 2020, https：//www.president.pl/en/news/art, 1219, president-ratifies-polish-us-defence-cooperation-agreement.html.

③ 在乌克兰危机之后，美国于2014年6月启动欧洲安全保障倡议（European Reassurance Initiative），以安全理由致力于增加美国在欧洲的军事存在。2017年调整为欧洲威慑倡议（The European Deterrence Initiative），旨在增强美国威慑态势及驻欧洲美军的战备和反应能力，提高北约集体防御和安全能力。

入主白宫之前就提出过"买美国货,在美国制造"(Buy American, Make it in America)等口号。① 2021年1月25日,拜登签署一项行政令,对政府采购实施更严格的规定,以增加购买美国制造的产品。② 这意味着拜登政府的经贸政策也有浓厚的贸易保护主义色彩。尽管欧盟委员会负责欧盟对外贸易谈判事宜,但涉及投资和知识产权的复杂协议仍需要成员国的批准。部分中东欧国家(爱沙尼亚、立陶宛、拉脱维亚、波兰和罗马尼亚等)持有强烈的跨大西洋定位。美国完全有可能利用部分中东欧国家对欧盟战略自主缺乏足够热情的机会,在欧盟贸易事务中打入楔子,影响欧盟立场和塑造欧盟政策。从能源议题来看,拜登也批评和支持对"北溪2号"管道进行制裁。拜登对俄罗斯的好感远逊于特朗普,其政府预计还将继续支持中东欧国家摆脱或减少对俄罗斯的能源依赖;美国能源公司在克罗地亚、立陶宛和波兰的液化天然气LNG码头也会依然得到拜登政府的支持;中东欧地区能源网络的互联互通,如"三海倡议"项目,拜登政府不予支持的可能性也不大。

拜登政府仍会支持中东欧的次区域一体化,但是这建

---

① "The Biden Plan to Ensure the Future Is 'Made in All of America' by All of America's Workers, Battle for the Soul of the Nation", https://joebiden.com/made-in-america/#.
② 《给前任政策加码 拜登要求买更多"美国货"》,新华网,2021年1月27日,http://www.xinhuanet.com/world/2021-01/27/c_1210997298.htm。

第六章　美国重返中东欧

立在对更广泛的欧洲一体化有所助益的基础上。拜登政府可能会强化价值观问题的一致性以及支持欧洲一体化进程。也就是说，尽管美国与中东欧国家在安全、经济和能源领域合作将会持续，但部分中东欧国家在人权、媒体自由和法治等领域的问题可能会阻碍与美国的合作。美国在中东欧采取的战略方案的主要区别在于价值观提升与安全承诺之间的差异。① 拜登政府与中东欧国家的战略关系在很大程度上取决于中东欧国家政府对美国新政府的反应，是否能够适应新变化并作出相应调整。在 2020 年 11 月 3 日美国大选选举结果揭晓之前，波兰、匈牙利和斯洛文尼亚曾向特朗普示好。更重要的是，部分中东欧国家与拜登政府之间存在价值观差距。拜登政府很可能将追求西方自由民主作为自己中东欧政策的价值观基础。在竞选期间，拜登就批评过特朗普对中东欧国家民主水平不断下降的行为不作为，甚至将波兰、匈牙利和白俄罗斯视为"专制国家"②。在拜登看来，

---

① Cristian Nitoiu, Florin Pasatoiu and Loredana Simionov, "Why Eastern Europe might be hoping for a Biden victory this November", LSE US Centre, September 4, 2020, https：//blogs. lse. ac. uk/usappblog/2020/09/04/why-eastern-europe-might-be-hoping-for-a-biden-victory-this-november/.

② "Poland and Hungary Angered by Joe Biden's "Totalitarian Regimes" Remark", KAFKADESK, October 18, 2020, https：//kafkadesk. org/2020/10/18/poland-and-hungary-angered-by-joe-bidens-totalitarian-regimes-remark/.

部分中东欧国家的民主倒退将对欧美同盟关系的完整性和美国信誉造成负面影响，增加拜登政府与它们合作的政治成本，也不利于美国软实力的重建。因此，拜登政府有可能会重新启动支持中东欧国家民间社会和自由媒体的计划，扭转中东欧地区民主倒退和西方价值规范偏转的趋势。

可见，拜登治下的美国有可能将特朗普的重返中东欧举措变为欧美大协调之下的小多边政策框架，在拜登看来，更团结的跨大西洋关系可以更好地处理全球性挑战。这意味着美国在维持与中东欧国家合作的同时，将进一步修复和强化与西欧盟友的关系。欧盟领导人认为拜登政府将是欧盟和美国重启全球伙伴关系的新开端，欧美可以重新致力于塑造全球议程、秉承多边主义、团结共同价值观。① 拜登更加依赖伙伴和联盟来实现美国的国家利益。德国国内的部分大西洋派精英为拜登当选美国总统而欢呼雀跃，德国国防部长安格丽特·克拉姆普·卡伦鲍尔（Annegret Kramp-Karrenbauer）甚至兴奋地批驳法国总统马克龙，劝其放弃"欧洲战略自主的幻想"，欧洲人无法取代美国作为安全提供者的关键作用。但总体上欧盟和法德领导人对欧美关系的判断还是清醒的，许多领导人强调，这不一定是非此即彼的选择，在追求战略自主权的同时还能保持与美国的密切关

---

① "EU Leaders Talk to President-elect Joe Biden", EEAS, November 23, 2020, https://eeas.europa.eu/delegations/united-states-america/89164/eu-leaders-talk-president-elect-joe-biden_en.

系是可能的。欧盟理事会主席米歇尔认为欧美之间的分歧不会突然消失,"欧洲必须掌握命运,才能代表自身利益并捍卫欧洲价值观"。马克龙在参加美国智库大西洋理事会活动时,强调"不希望100%依赖美国的决定,否则将失去欧洲的独立自主"①。尽管默克尔对美欧跨大西洋伙伴关系充满乐观期待,但德国对"北溪2号"项目的态度没有改变。② 目前看来,拜登上台后,欧美迫切希望展开全方位协调合作,但双方在诸多领域存在矛盾和竞争。欧洲会部分追随美国,但不会全面倒向美国。

五 余论与展望

特朗普政府以传统的地缘政治观点来观察和分析世界,不仅给世界多边体系带来压力,还给欧盟内部带来进一步分化的风险。一方面,大国竞争随着原有国际秩序的动摇而陷入失序境地,欧盟在地缘政治博弈中也无

---

① Roger Cohen, "Macron Tells Biden That Cooperation With U. S. Cannot Be Dependence", *The New York Times*, January 29, 2021, https://www.nytimes.com/2021/01/29/world/europe/macron-biden.html.

② "Germany Backs Nord Stream 2 'for the Time Being': Merkel", February 6, 2021, EURACTIV, https://www.euractiv.com/section/global-europe/news/germany-backs-nord-stream-2-for-the-time-being-merkel/.

法独善其身，其多边主义原则受到美国单边政策的冲击。另一方面，美国重返中东欧，对欧洲采取"分而治之"的战略，有选择性地与欧洲伙伴打交道，加大与中东欧国家的接触，利用欧洲内部的分裂，降低了欧盟整体政策的有效性和连贯性，起到了弱化欧盟战略自主的作用。

拜登政府会在多大程度上继续执行重返中东欧的政策尚待进一步观察，但特朗普政府对欧盟及欧洲一体化造成的伤害是真实的，并且可能难以完全扭转。根据沃勒斯坦（Immanuel Wallerstein）和布罗代尔（Fernand Braudel）的观点，地缘政治发生在结构性和周期性的时空中，往往波及中长期的结构和趋势。[1] 欧洲必须为后美国时代的欧洲（post-American Europe）做好准备[2]，加强内部团结一致，提高欧盟战略自主能力。当然，在美国采取战略退缩与分而治之的背景下，欧洲必然要做出更大的努力，毕竟安全上的不对称性仍然是跨大西洋关系的基本特征，欧洲当下无法摆脱对美安全依赖。尽管欧盟成员国具有不同的外交和安全政策优先事项，但整体上的脆弱性和不安全感的增

---

[1] Immanuel Wallerstein, *World System Analysis: An Introduction*, Durham and London: Duke University Press, 2004, p. 18.

[2] Thomas Wright, "A Post-American Europe and the Future of US Strategy", *Foreign Policy at Brookings*, December 2017, https://www.brookings.edu/wp-content/uploads/2017/12/fp_20171205_post_american_europe.pdf.

第六章　美国重返中东欧

加仍会促使它们在欧盟这一组织中寻求团结。欧盟既需要重新启动欧洲一体化项目，又要集中力量帮助成员国解决各种外交政策问题，并发挥欧盟作为一个整体在国际舞台上的影响力。

更重要的是，欧洲加强其战略自主意味着一个更加一体化的欧盟应该成为美国和中国之间的第三大支柱。随着共建"一带一路"倡议的推进和中国—中东欧国家合作框架的完善，中国在中东欧地区影响力的提升也是美国重返中东欧的一个战略原因。在美国看来，中国在中东欧地区的参与具有战略性，即政治利益高于经济利益。① 美国与中东欧国家进行更多的对话与合作可以帮助美国回击中国和俄罗斯对美国利益的威胁，特别是可以增强在商业、能源、安全和价值规范领域对俄罗斯和中国的压制。所以，欧洲将多大程度、在什么条件、在哪些领域支持美国与中国的全面战略竞争，特别是如何面对中、美、俄等大国"逐鹿"中东欧，也将是欧盟亟待解决的一项关键议题。

---

① Dusan Stojanovic, "China's Spreading Influence in Eastern Europe Worries West", *AP News*, April 11, 2019, https://www.apnews.com/d121bfc580f04e73b886cc8c5a155f7e.

第七章　欧美对中国的不同定位

2018年之后，美国特朗普政府将其民粹主义思想和"美国优先"的口号付诸政策，不仅挑起中美经贸摩擦，也对其传统盟友——欧盟，以国家安全为理由征收钢铝关税，恶化了它与世界主要经济体的经济关系。美国的单边主义贸易保护政策削弱了美欧关系的亲密和紧密程度，欧洲对美国的依赖性明显减退，独立意识大幅上升。欧美的对华政策和政治立场虽有共通之处，但也存在着重大分歧。

一　美国特朗普政府的对华态度和立场

特朗普政府推翻了中美建交以来美国长期坚持的"接触"加"遏制"双面下注改变中国的惯常路径，提出美国需要重新思考对华战略。特朗普政府认为，过去美国的"和平演变"方法，即通过将中国（也包括俄罗斯）吸纳进国际机制和全球贸易体系，使中国"自由化"，变为"祥和的国家"和值得信赖的伙伴，这种假设是错误的。美国部分掌握行政权力的极端保守主义者（如白宫国家贸易委员会主席纳瓦罗、首席贸易谈判代表莱特西泽）更宣称中国"滥用"了美国的"善意"，威胁着美国的全球声誉和主导地位。中国在他们眼中已经成为美国最大的竞争对手，而且中国对美国的影响和挑战是全方位的。

2017年的《美国国家安全战略》报告比较忠实地反映了特朗普的基本看法。该文件对全球格局的概括是：这是"一个竞争的世界……极端危险，充满着各种威胁"，美国必须在这个"相互竞争"的世界中保护自己的核心国家利益。[1] 此版《美国国家安全战略》报告认为美国主要面临三种威胁：以中国和俄罗斯为代表的具有政治、经济和军事综合实力的所谓"修正主义大国"，朝鲜和伊朗等破坏地区稳定、威胁美国及其盟友安全的"独裁国家"以及以"伊斯兰国"为首的恐怖组织和其他跨国犯罪组织。克林顿和奥巴马时期的安全战略均强调恐怖主义、核扩散、气候变化等非传统安全问题，但特朗普的这份《美国国家安全战略》报告却把中俄两个大国放到对美威胁的首位，直指中国和俄罗斯是美国的"对手"，冷战气息跃然

---

[1] The White House, "National Security Strategy of the United States of America", December 2017, https://www.whitehouse.gov/articles/new-national-security-strategy-new-era/.

纸上。同时，美国也开始放低身段，不再声明美国是"全球霸主"，把自己摆在了与中俄相竞争的同等地位上，这也是自冷战结束以来首次出现的现象，显示出美国的决策界已经重归尼克松式的现实主义思路。在特朗普执政期间，中美关系变为大国竞争关系已经成为包括白宫和国会在内的美国府院的共同观点。在美学界和智库界，这一认知也逐渐成为主流。[1]

特朗普治下的美国认为在经济领域，作为竞争对手的中国，不仅"盗取"了美国价值数千亿美元的知识产权，以"自由贸易"的言辞做幌子，从美国及其伙伴处"攫取收益"，而且在世界舞台上树立起同美国奉行的自由经济不同的经济发展模式，并在发展中世界取得了越来越大的影响力。为此，美国应联合盟友和伙伴倡导"公平、互惠和坚持规则"的国际经济关系，值得注意的是，这里抹去了"自由"——这一美国核心价值观。在政治领域，美国给中国和俄罗斯扣上了所谓"修正国家"的帽子，但摆出的却是一种防御性姿态。在《美国国家安全战略》报告中，美国指责中俄等对手分裂和分化西方。在安全领域，特朗普政府不断增加军备开支，2019 财年美国《国防授权法案》批准军费 7163 亿美元，相当于排在美国之后的九个国家的预算总和，美国政府认为需要维持它的全面军力

---

[1] 刘卫东：《特朗普政府对华施压的国内动因》，《现代国际关系》2018 年第 7 期。

优势地位，无论是核力量、常规军事力量，还是网络安全、外层空间、情报，均需将中国等竞争对手远远地抛在后面；在外交上，特朗普政府提出"印太战略"，力求加强同日本、澳大利亚和印度的"四边合作"，并称中国"企图在印太地区取代美国的地位"，宣称中国"通过基础设施建设、投资、援助等方式在世界各地扩展影响"。《美国国家安全战略》报告指出，美国不允许任何一个国家在一个地区居主导性地位，其要同中国争抢发展中国家市场，比拼影响力。

美国联邦政府自2018年起系统落实《美国国家安全战略》报告：除对中国发起"关税战"之外，在高科技领域着力打压华为等中国高科技企业，制造"孟晚舟事件"，试图全球"封杀"华为的5G订单；在亚洲、非洲、拉美、大洋洲和中东欧国家警告各国不要在"一带一路"倡议框架下同中国进行经济合作；美国海军军舰不仅频繁在南海"自由航行"，而且数次通过台湾海峡。美国部分友华人士、地方政府和商界强调中美经济相互依赖的重要性，但这些声音并未改变美国政府特别是情报部门和军方敌视中国的态度和立场。

二　欧洲对华态度和立场

中国在欧盟和西欧大国视野中则要更加复杂和多元。

一方面，地缘政治因素回归欧洲政治议程，欧洲对中国的崛起出现忧虑心理。2017年1月底，欧盟理事会主席图斯克在一封致27国首脑的公开信中表示欧盟当下面临着五种地缘政治威胁，它们分别是"咄咄逼人"的中国、在乌克兰及其周边地区实施侵略性政策的俄罗斯、中东和非洲地区的战争、恐怖和无政府状态（特别是宗教极端主义依然兴盛），以及发出令人担心声明的新美国政府（指特朗普政府），这种外部形势让欧盟的未来处于"高度不确定"的状态。[1] 欧盟在世界出现重大变化，西方在世界经济比重下降，中国等新兴力量崛起，同时传统欧美盟友关系又因美国特朗普政府产生裂痕的状况下，产生了一定的孤立和无助感。

2019年3月12日，欧盟委员会向欧洲理事会提交《中欧战略展望政策》报告[2]，该报告集中体现出欧盟对中国的态度立场及对中欧关系的定位。报告首先指出："中国不能再被视为一个发展中国家，它已是一个关键

---

[1] European Council, "United We Stand, Divided We Fall: Letter by President Donald Tusk to the 27 EU Heads of State or Government on the Future of the EU Before the Malta Summit", January 31, 2017, https://www.neweurope.eu/press-release/united-we-stand-divided-we-fall-letter-by-president-donald-tusk-to-the-27-eu-heads-of-state-or-government-on-the-future-of-the-eu-before-the-malta-summit/.

[2] European Commission, "EU-China: A Strategic Outlook", Strasbourg, March 12, 2019, JOIN (2019) 5 final.

的全球行为体和具有领先技术的大国。"但是，作为欧盟的战略伙伴，在不同的政策领域，中国既是欧盟紧密合作的对象，又是欧盟需要找到利益平衡点的谈判伙伴，还是同样追求技术领导地位的经济竞争对手，同时也是扩展不同治理模式的制度性对手（systemic rival）。一方面，中国与美国一样，成为欧盟独立自强，建设和强化欧盟"主权"①的"外部挑战"之一（尤其是在经济和模式竞争领域）；另一方面，欧盟依旧视中国为在全球共同推行多边主义、实现可持续发展、应对气候变化和地区安全挑战，以及进行第三方合作的不可或缺的重要伙伴。

在应对中国的方式方法方面，欧盟依然坚持"接触"的主基调。《中欧战略展望政策》报告篇幅仅为11页，却14次使用"接触"（engage 或 engagement）这个词汇，"遏制"在全文中并未出现一次。欧盟对华仍然坚持"接触"（engagement）政策，虽然欧盟同美国一样，希望中国遵守"国际规则"、尊重知识产权（最明显的示例是欧盟在世界贸易组织对美国实施钢铝关税上诉的当天，也同时

---

① 欧盟委员会主席容克2018年盟情咨文的题目即为"欧盟的主权时刻"。参见 Jean-Claude Juncker, "State of the Union 2018: The Hour of European Sovereignty", Sep. 12, 2018, Strasbourg, France. https://ec.europa.eu/commission/news/state-union-2018-hour-european-sovereignty-2018-sep-12_en。

对中国知识产权侵权提起上诉），要求以发达国家而非发展中国家对待中国，但欧盟并不喜欢美国政府无视国际机构和国际规则的行事方式。总体上，中欧之间是"利益伙伴关系"，经济相互依赖依然是维系中欧关系的核心纽带。欧盟最重要的核心国家——德国和欧盟总部整体并不认可特朗普的对华策略，它们认为美国奥巴马时期制定的与欧盟一道实施的跨大西洋贸易与投资伙伴关系协定（TTIP），是应对中国崛起的最佳方案。

三 欧美对华立场差异的原因

整体而言，欧盟与中国之间没有地缘政治和军事安全，即"高级政治"的深层博弈，双方的交集集中在"低级政治"和"综合安全"领域，其利益集中在经济层面；安全事务方面欧盟比较超脱，力图扮演国际社会客观公正的"代言人"角色；地缘方面，欧盟同中国所在的东亚地区并不接壤，欧洲国家在东亚已经不再拥有殖民地[①]，它也不像美国在日本和韩国保留军事基地和10万以上驻军，与东亚地区一些国家保持盟友关系，并对它们承担安全保障的义务。东亚地区是美国"一体两翼"全球霸权的太平洋"一翼"，美国力图保持在东亚地区的均势及其自身的

---

① 澳门是欧洲国家在东亚地区最后一块殖民地，葡萄牙于1999年将其归还中国。

第七章 欧美对中国的不同定位

政治和军事影响力,但对欧盟和欧洲国家来说,它们的军事实力有限,能力不足制约了其地缘政治影响力的发挥。新加坡国立大学教授马凯硕(Mahbubani Kishore)曾撰文称,许多东亚国家认为欧盟是这一地区的"地缘政治侏儒"[1]。在中国经济崛起、东亚地区成为世界经济的"发动机"之时,欧盟在经济战略上加大对华"接触"力度;在朝核、台湾和南海等热点地区安全争议问题上,采取相对中立的立场。欧盟在东亚地区并非美国那样的安全、政治和经济"全方位"(full fledged)的行为体,所以它同中国或日本这样的东亚力量不存在此类矛盾。

欧盟和德法等主要成员国与中国关系中,目前竞争的成分增多,但主要还是经济层面的因素。一方面由于经济全球化,东亚和欧洲两大经济带已经形成密集的全球产业链和巨额消费市场,中欧已经形成较深程度的经济相互依赖关系,同时以中国为代表的东亚是世界上经济最有活力的地区,欧盟清醒地意识到需要通过与中国接触,才能更深地进入这一广阔且具有巨大潜力的市场,进而保持自身的全球经济竞争力。另一方面,欧洲自身保守的心态、缓慢的改革步伐、内部的不协调和低效率阻碍了欧盟经济竞争力的提升,而中国在经济和全球政治领域的强势崛起,带给欧盟很大的不安全感。

---

[1] Mahbubani Kishore, "Europe Is a Geopolitical Dwarf", *Financial Times*, May 22, 2008.

2018年10月6日,笔者聆听了默克尔总理在德国基尔举行的基民盟青年联盟①大会上的讲话,她的此次讲话比较完整地描述了德国在自身经济指标相当令人满意的情况下却存在的危机感,在一定程度上也代表着欧盟对世界的看法。默克尔严肃地指出,在当下和未来的数字经济时代,世界排名前二十位的信息技术(IT)公司中,11家是美国企业,9家是中国企业,欧洲企业的数字是零。存在这样的问题,原因主要是整合不足,比如有影响力的电信企业,无论在中国,还是在美国都不会超过5家,但欧洲却拥有超过20家。但欧洲公司其实并不弱,比如欧洲不生产芯片,但全球90%的芯片设备制造商都是欧洲企业。不过欧洲应当做好应对特朗普未知政策的挑战,未来如果美国不允许全球生产链中附加值高的产品出口,德国将无法保持现有领先地位。当然,默克尔此次讲话中也表示要利用中国已经开发非洲的有利时机,鼓励德国企业对非洲投资。她指出非洲人口很快将从10亿人增加到20亿人,这是一个巨大的市场,德国企业应当充分利用中国对非洲的基础设施投资,从非洲的崛起中获益。对美国特朗普政府的价值观,默克尔坚定地指出,民族主义将导致战争,这是德国宪法规定的不可触碰的底线。

---

① 基青盟为德国执政联盟最大政党——基督教民主联盟(CDU)的青年组织。

第七章 欧美对中国的不同定位

欧盟与美国在对华经济问题上有共同的认知，如均不愿再将中国视为发展中国家，不愿再给中国优惠待遇，不满意中国的关税政策，认为中国在市场准入、政府采购等领域限制外资企业，中国的知识产权保护存在问题等。欧盟和美国内部均有不少不满声音，在欧美竞争力普遍相对下降的情况下，政界和媒体精英将之归咎于中国没有进行"公平游戏"，一定程度上将中国当作"替罪羊"。但欧美之间又有很大差异，特朗普利用美国国内对这些问题的不满，持续不断地以霸凌方式推广其贸易保护主义，压制中国。但欧盟和欧洲国家仍然信守自由国际主义理念和多边主义手段，认为中国仍不失为维持现有国际秩序和全球治理的有机组成部分，赞赏习近平主席反复阐述的包容、持续的经济全球化的观点。欧洲人非常重视中国改革开放政策的落实状况。2018年年底，在逐渐认识和确认中国进一步开放的决心和实际举措（特别是经一些案例验证，如德国宝马公司投入30亿欧元增持其与华晨合资公司的股份，使宝马占股比达到75%，德国巴斯夫公司独资在广东湛江投入100亿美元建设化工基地等）之后，欧洲智库界和政界人士对华竞争的紧张心态也有所缓和。[1]

---

[1] 笔者2018年在布鲁塞尔参加了欧盟欧亚中心主办的"中国、俄罗斯和欧盟周边地区"晚宴酒会，与欧盟对外行动署亚太司司长贡纳尔·维冈（Gunnar Wiegand）的交谈过程中，他特别提到了宝马项目证明中国放开外资市场准入的政策是具体而真实的。

四　尾声

2020年12月30日，习近平主席与欧盟和德国、法国领导人视频通话，双方宣布中国与欧盟完成中欧投资协定谈判。中欧投资协定谈判于2014年启动，经历7年时间和35轮艰苦谈判，终于如期在2020年达成协议。此份协议全称为《中欧全面投资协定》（CAI），如生效，它将成为中国对外签署的最具雄心的投资保护协定。中欧全面投资协议将从制度上减少双方的投资壁垒，促进优质要素有序自由流动，更好地促进新冠肺炎疫情过后的中欧经济复苏。从战略层面上来看，欧盟在德国2020年下半年担任轮值主席国期间，顶住美国、印度的压力，克服波兰等少数成员国的犹疑，赶在拜登入主白宫之前与中方达成协议，充分显露出欧洲的战略自主精神状态，显现出欧洲维护多边主义和经济全球化的坚定信念。而对中方来说，继区域全面经济伙伴关系协定（RCEP）之后，完成中欧全面投资协定谈判标志着中国相继完成与东盟等亚洲发展中国家集团和欧盟发达国家集团的贸易和投资规则磋商，这意味着中国证明自己具有联手美国之外的发达国家和发展中国家捍卫贸易自由化和投资便利化进程、破解特朗普关税战和技术战的能力。同时，《中欧全面投资协定》中的多项谈判内容也为世界新一代投资规则提供了参照物，并

第七章　欧美对中国的不同定位

为中欧开启自由贸易协定谈判、中美投资协定和下一阶段贸易谈判，以及中国未来加入"全面与进步跨太平洋伙伴关系"（CPTPP）协定奠定了良好基础。[①]

特朗普的"蛮权力"外交坚持"美国优先"原则，行事方式粗暴鲁莽，不仅令中美经贸、科技合作、人员交流大幅度后退，同样也破坏了美欧之间的正常合作关系。2021年拜登上台后，恢复跨大西洋联盟成为其外交重点，2月19日的第57届慕尼黑安全会议以视频形式召开，拜登在会议发言中发出"美国回来了、联盟回来了"的宣言，民主党治下的美国政府也开始恢复同欧洲的网络化沟通，重启外交对话机制，形式上美国已重返"巧权力"，力图重建同西方盟友的"价值观联盟"[②]。2021年3月3日，美国国务卿布林肯发表上任后第一次外交政策演讲，阐述美国外交政策八大优先事务：新冠肺炎疫情、经济、民主、移民、同盟、气候变化、科技和中国。但当其谈及中国时，布林肯仍表示，中美关系是"21世纪世界最大的地缘政治考验"，美国将根据需求视中国为对手和竞争者，但保留合作的可能性。

[①] 赵晨：《中欧投资协定谈判完成的意义和挑战》，北京语言大学国别和区域研究院《国别与区域研究简报》2020年12月，http://m.thepaper.cn/baijiahao_10693178。

[②] 黄靖：《慕尼黑安全会议是美欧"价值联盟"的开端吗》，北京语言大学国别和区域研究院《国别与区域研究简报》2021年3月，https://www.thepaper.cn/newsDetail_forward_11549084。

后　　记

在"百年未有之大变局"中写一本时事性书籍颇为不易，我们的书写时常赶不上历史老人匆匆的脚步，前一天所做的判断有可能会在后一天被新浮现的事实所推翻。《跨大西洋变局》就是这样一本不断同时间赛跑的作品，尽管已尽全力，但当中一定还有很多疏漏和不足，还望能够得到广大读者的海涵和批评指正。

本书是五年来中国社会科学院欧洲研究所国际关系研究室集体合作研究产出的第二部成果，也是《中国、欧洲与世界》丛书系列的第三本，它得到中国社会科学院欧洲研究所创新工程、"登峰计划中欧关系优势学科"和外交部2018年度中欧关系研究"指南针计划"基金的资助，在此向中国社会科学院欧洲所和外交部欧洲司表示诚挚的感谢！也特别感谢中国社会科学院欧洲所欧洲政治研究室贺之杲的加盟，将自己的思考凝结为《美国重返中东欧》一章。

感谢北京大学国际关系学院庄俊举对将特朗普外交特征应概括为"蛮权力"还是"横实力"一词所给出的专业

后 记

建议！感谢北京大学国际关系学院节大磊对美国政党意识形态同外交政策关系的精辟分析和提点。我们的部分先期研究成果已发表在《国外理论动态》《世界经济与政治》《美国研究》《当代世界》等学术期刊上，感谢这些刊物慷慨允许本书采用和改写这些论文中的部分内容。

感谢中国社会科学出版社的王茵副总编辑为本书顺利出版给予的大力支持！还要特别感谢前中国社会科学出版社编辑、现已进入《世界经济与政治》编辑部工作的郭枭博士！他为此书所付出的心血和努力我们铭记在心。

全书写作分工如下：

导言	赵晨
第一章 "蛮权力"还是"巧权力"外交	赵晨
第二章 "自由"还是"公平"贸易	赵晨
第三章 安全"再平衡"	赵纪周
第四章 气候变化和能源政策的"变"与"不变"	曹慧
第五章 发展援助政策的新动向	张超
第六章 美国重返中东欧	贺之杲
第七章 欧美对中国的不同定位	赵晨

本书由赵晨统校，所有问题由作者本人承担。

赵 晨

2021 年春